Christoph Schwabe · Christin Vogt
DOPPELPACK

Christoph Schwabe · Christin Vogt

DOPPELPACK Mein Hund und ich

HERBiG

Christin, 23 Jahre, Tiermedizinstudentin, mit ihrem Windhund-Schäferhund-Mischling Alia, 2 Jahre

Meine Rakete auf vier Beinen kam als kleiner kranker 4-Wochen-Welpe zu uns und ist heute der wohl größte, angebliche Chihuahua-Mix der Welt. Ihr unbändiger Bewegungsdrang hat mich eine neue Art von Gassigehen gelehrt, wobei von Gehen keine Rede mehr sein kann. Ihre Zuneigung zeigt sie durch Spielen, ihre Verbundenheit zu mir durch feuchte Küsse.

Sylvana, 25 Jahre, angestellter Freigeist, mit ihrem Zwergspitz Belle Amie, 1 Jahr

Wenn einem schon morgens beim Aufstehen zwei Kilo pure gute Laune auf vier Pfoten begegnen, dann macht das aus jedem Morgenmuffel, der ich ohne Belle Amie definitiv noch war, einen glücklichen Frühaufsteher. Sie gibt mir damit in den frühen Stunden schon Energie und beschafft mir Tag für Tag den perfekten Start.

Andreas, 44 Jahre, *Rail-Cargo-Austria*-Angestellter, mit seinem Riesenschnauzer-Mischling Balou, 3 Jahre

Balou ist extrem gutmütig, egal ob Menschen oder anderen Hunden gegenüber. Außerdem ist er sehr anhänglich, sodass sogar meine Frau manchmal fast eifersüchtig auf ihn werden könnte, da Balou und ich die besten Freunde sind. Es gibt nichts Schöneres, als nach Hause zu kommen und die Freude in seinen Augen zu sehen.

Philipp, 29 Jahre, Tierarzt, mit seinem Rauhaardackel-Jack-Russell-Terrier-Mischling Boston, 6 Jahre

Meine kleine Spaßkanone Boston ist einer der witzigsten Hunde aller Zeiten, wohl erzogen und äußerst sozial. Außerdem ist er mit Mensch und Tier verträglich, wodurch ich ihn überall mitnehmen kann und er mich auch auf meinen Arbeitswegen als Tierarzt oft begleitet.

Dara, 21 Jahre, Media- und Kommunikationsberatungsstudentin, mit ihrem
Australian Shepherd Balou, 3 Jahre

*An der Taktik zur Verhüllung seiner Schätze muss Balou noch etwas feilen.
Wenn ich ihm etwas zum Kauen gebe, er aber gerade keine Lust darauf hat,
ist er ganz panisch auf der Suche nach einem guten Versteck. Das kann dann
im Wäschekorb, hinter den Couchkissen oder z. B. unter einem Teppich sein.
Blöd nur, dass er dann meist selbst auf besagtem Teppich steht und ununter-
brochen mit der Nase darüberschabt, damit es auch wirklich keiner finden kann!*

Jan, 28 Jahre, Bestatter, mit seinem Mischling Alexia, 2 Jahre

Eine treue Gefährtin auf allen Wegen. Alexia kann mich aufgrund ihrer besonnenen Art sogar auf meinen beruflichen Pfaden als Bestatter begleiten, denn ihre beruhigende Aura vermittelt jedem das nötige Mitgefühl und Verständnis, um in schweren Momenten zu bestehen.

Oliver, 29 Jahre, Wirtschaftsinformatikstudent, mit Chronos, seinem Nova Scotia-
Duck Tolling Retriever, 4 Jahre

*Ein strahlender Held in brauner Rüstung: die Regenrinne im Garten,
ein aufgeregter Chronos, der daran herumkratzt und sich nicht wegbewegen
will. Da muss ja was Tolles drin sein! dachte ich mir. Also machte ich mich auf
und das geschlossene Auffangsieb ab – und heraus kam eine sichtlich erleich-
terte Kohlmeise, die Chronos noch ein Zwinkern zuwarf und dann
in die Freiheit entflog.*

Katja, 21 Jahre, Jurastudentin, mit ihrem Zwergspitz Chino, 3 Jahre

Mein kleiner Stinker passt zu mir wie der Deckel auf den Topf. Chino ist schon einiges in seinem Erkundungsdrang widerfahren, von Verlaufen im Wald bis Fast-Ertrinken im halb zugefrorenen See haben wir alles schon erlebt. Aber dafür bin ich ja da, wenn´s brennt, rette ich meinen kleinen Abenteurer, ganz egal, in was er sich mal wieder reingeritten hat.

Christian, 32 Jahre, Medienmanager, mit seinem Doggen-Mischling Apollo, 2 Jahre

Apollo – die ambitionierte Schwimmboje, der gutmütige Riesendrops oder einfach nur Kind und Kumpel in einem. Wenn sein großer Kopf nicht mehr um die Ecke des Türrahmens schielen würde, um zu checken, ob ich noch da bin, würde mir sehr viel fehlen.

Lisbeth, 26 Jahre, Tiermedizinstudentin, mit Frida, ihrem Parson Russell Terrier, 3 Jahre

Ballspielen und wie eine Irre durch den Park fegen, das sind Fridas Hobbies. Gleichzeitig ist sie unheimlich genügsam, passt sich immer meinem Rhythmus an, kommt mit mir laufen oder beschäftigt sich allein, wenn ich mal keine Zeit habe. Sie steht auf Männer, denn die können Bälle viel weiter und höher werfen als ich, und lässt sich auch mal völlig von ihnen auspowern. Zum Abkühlen springt sie dann anschließend in einen Eimer voll Wasser.

Berni, 26 Jahre, Tätowierer, mit seinem Stafford Terrier Geronimo, 7 Jahre

Ganz der öffentlichen Meinung entsprechend ist Geronimo ein sturer Kampf-schmuser, der mich treu auf allen Wegen begleitet. Außerdem ist er der Meinung, dass alles, auf dem er seine vier Pfoten platziert, ihm gehören würde. Diesem Machtstreben fällt auch gelegentlich mein Kopfkissen zum Opfer

Julia, 33 Jahre, Grafikerin, mit ihrer Pumi-Mischlingsdame Flori, 1 Jahr

Seit Flori hat sich mein Leben um 180° gedreht, von der Partyqueen zur Frischluftfanatikerin. Alles dreht sich jetzt um sie – Freizeitgestaltung, Auswahl der Freunde, Kühlschrankinhalt, Urlaubsplanung, Jobwahl (sie muss mitkommen dürfen!) – es ist irre, zu was man sich alles verpflichtet für einen Hund, aber es lohnt sich so sehr. Ich empfinde nichts davon als Einschränkung, denn nichts gibt mir mehr, als Flori glücklich zu sehen.

Clarissa, 22 Jahre, Tiermedizinstudentin, mit ihrer Shiba-Inu-Hündin Ilvy, 5 Jahre

Ich habe Ilvy in einem Lebensabschnitt zu mir genommen, in dem es mir gesundheitlich sehr schlecht ging. Sie war für mich die beste Medizin, die ich bekommen konnte. Mit ihrer Intelligenz und ihrem Geschick erstaunt sie mich immer wieder, sei es, wie sie ständig in alle Taschen schaut oder während Therapiehundeeinsätzen den Omas und Opas ein Lächeln auf die Lippen zaubert.

Eric, 28 Jahre, Medizinstudent, mit Sky, seinem Magyar Viszla, 1 Jahr

Eine echte Männerfreundschaft mit allem, was dazu gehört, ist das, was mich und Sky verbindet. Wir lieben es, unsere Kräfte miteinander zu messen — bis zur Erschöpfung herumzutoben oder einfach mal verrücktzuspielen, das ist unsere Welt.

Angela, 27 Jahre, Product-Safety-Managerin, mit ihrem Mops Daisy, 10 Monate

Elektrische Spielzeugautos und Hubschrauber? Viele Kuscheltiere? Andere Möpse? Bei diesen Gedanken geht Daisy das Herz auf, sie ist vernarrt in Spiel, Spaß und Spannung und beißt im Eifer des Gefechts auch gern mal in meinen kleinen Zeh, um mich zum Mitmachen zu animieren.

Katja, 14 Jahre, Schülerin, mit ihrem Beagle Paula, 3 Jahre

Paula ist meine verwöhnte Prinzessin — sie will es, sie bekommt es. Ich kann und muss ihr nicht widerstehen, da sie jede Zuwendung verdient, die ich ihr geben kann. Gleichzeitig ist sie mein privates Home Entertainment Center, alles, was sie so anstellt, ist weit sehenswerter als die meisten Filme.

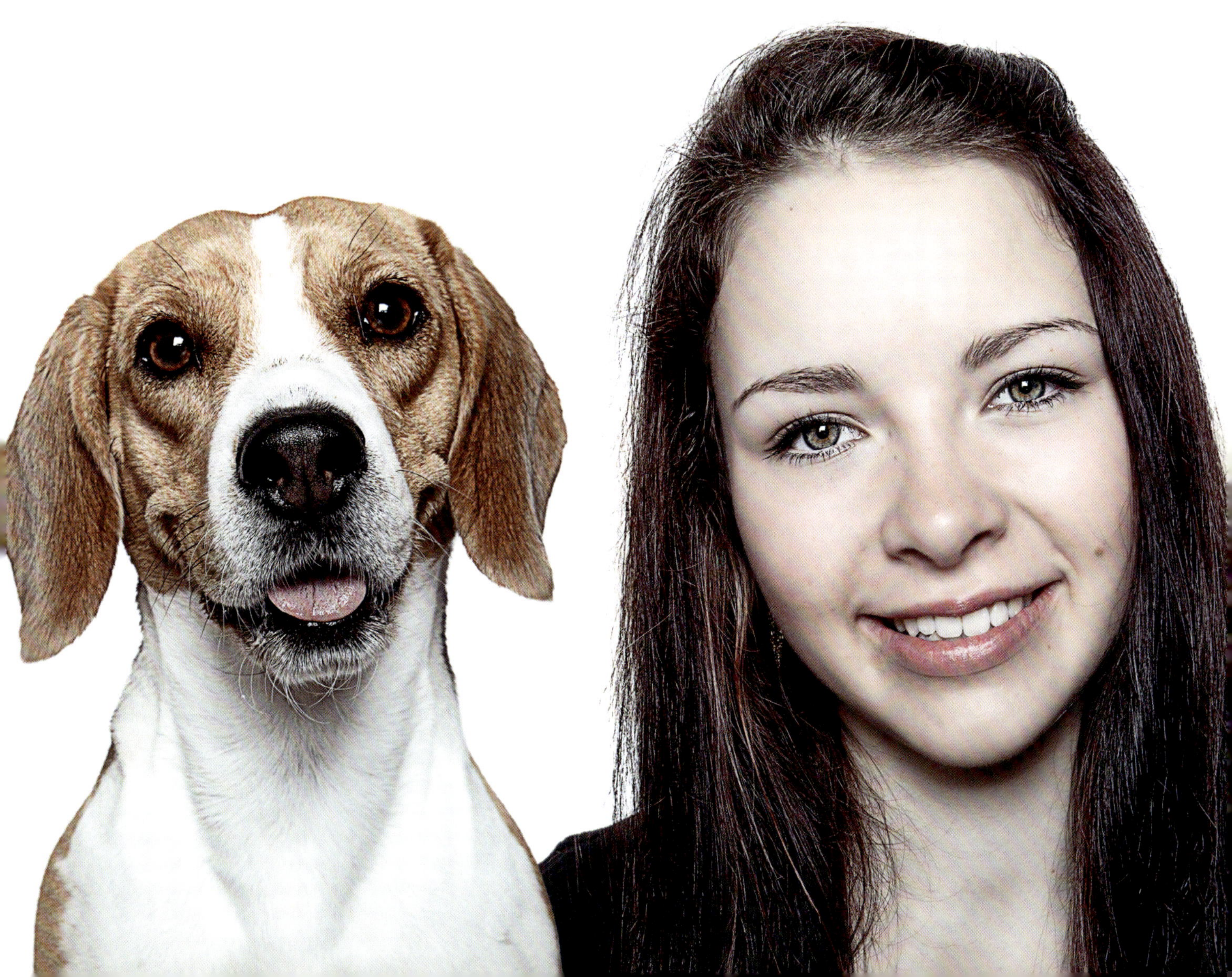

Alex, 24 Jahre, Servicetechniker, mit seinem Schäferhund-Mischling Balou, 6 Jahre

Wenn er nicht gerade ans Schlafen denkt, dreht sich bei Balou alles ums Leckerchen und wie er es sich beschaffen kann. Dabei wird er manchmal etwas stürmisch und reißt in seiner Freude auch schon mal jemanden um, wobei ich denke, dass man diese Art der Liebesbeweise mit Humor nehmen kann.

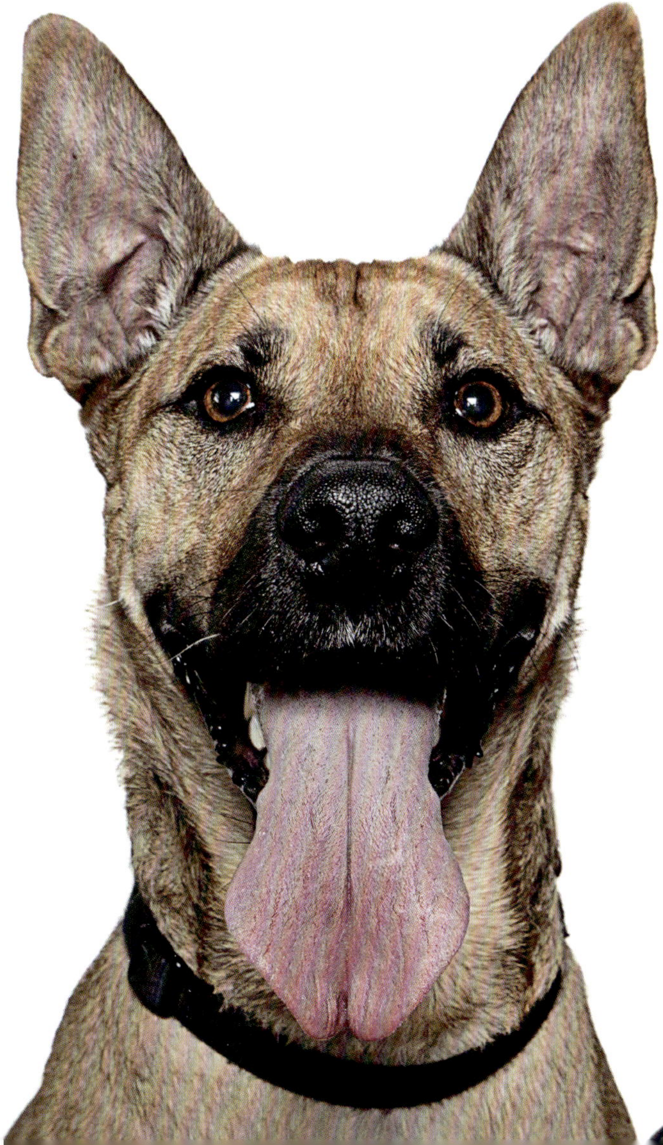
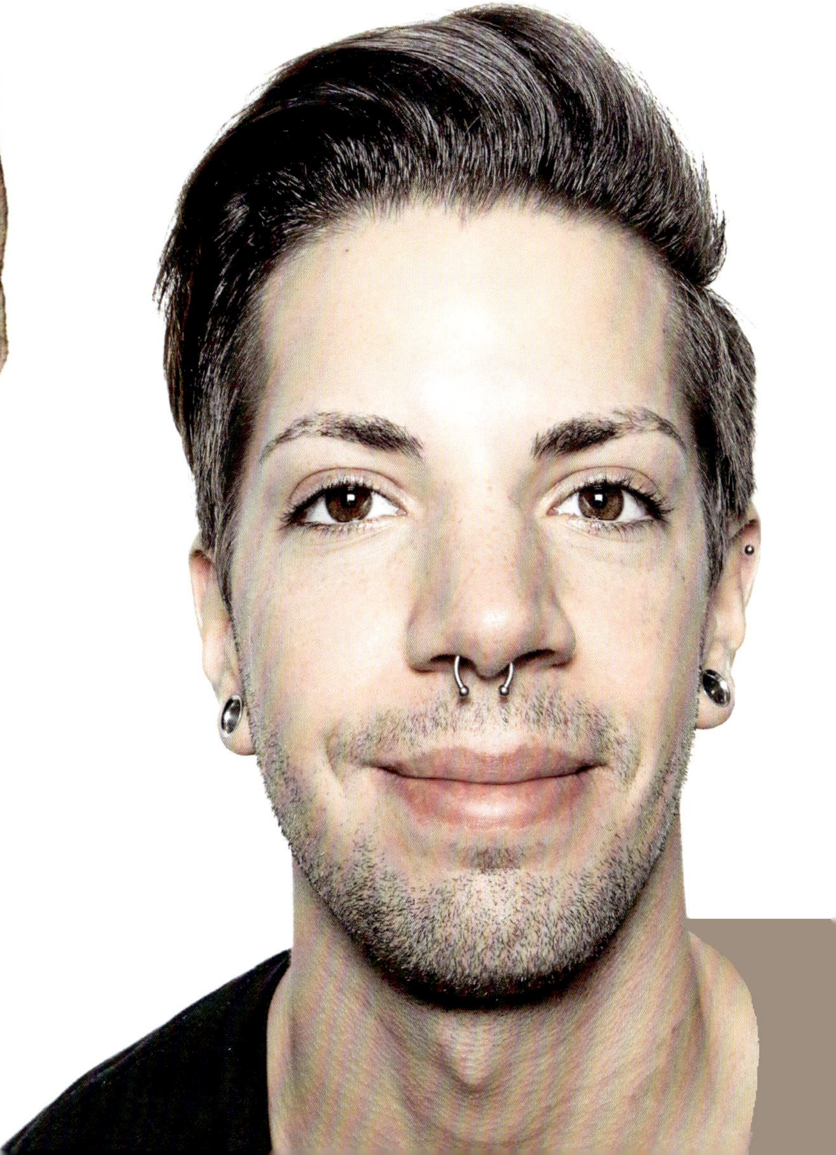

Ingo, 45 Jahre, Elektriker, mit seinem Boxer Giovanni, 11 Jahre

Giovanni ist ein Tollpatsch, für den ein Autoreifen genauso ein Spielzeug darstellt wie ein Tennisball. Sein sanftmütiges Wesen erkennt man daran, dass er sowohl seine Leckerlis als auch Spielsachen mit allen teilt, die leer ausgegangen sind. Das Alter ist bisher an ihm vorbeigegangen und ich hoffe, dass das noch lange so bleibt. Für mich steht jedenfalls fest – einmal Boxer, immer Boxer.

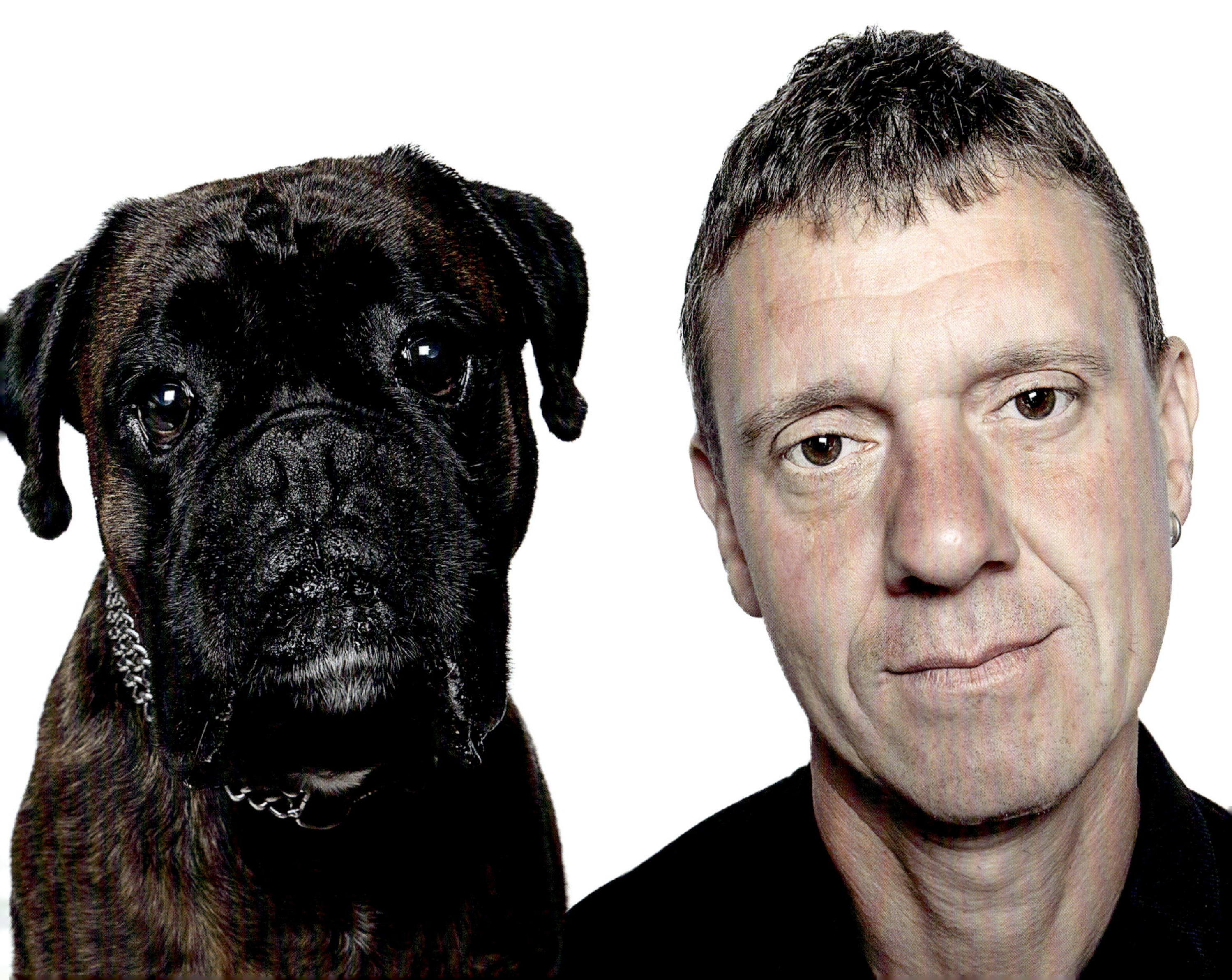

Susann, 26 Jahre, Hundetrainerin mit ihrem Dalmatiner Juno, 1 Jahr

Mein Hund ist ein kleiner Prinz Valium und vor 11 Uhr beginnt sein Tag so gut wie nie. Kommt er dann jedoch in Fahrt, zeigt sich seine andere Seite. Da lernt er Tricks auch schon einmal in Sekundenschnelle und genießt die Zeit, in der wir viel unterwegs sind, um danach wieder gemütlich der Entspannung zu frönen.

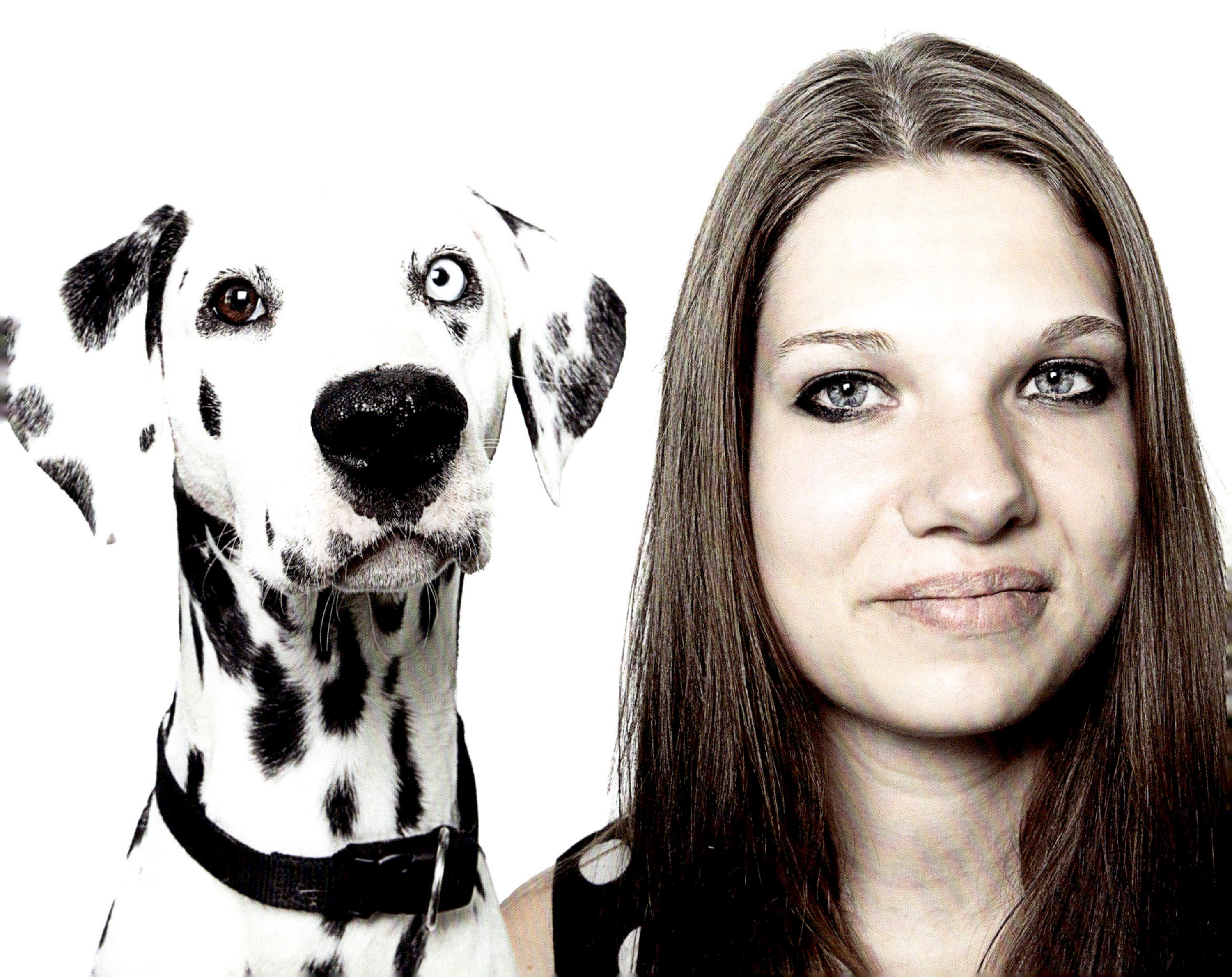

Robert, 28 Jahre, studiert Soziale Arbeit, mit seinem Mischling Donnatello, 5 Monate

Seit Donnatello bei uns ist, ist unser Leben abwechslungsreicher und wir viel unternehmungslustiger geworden. Mit einem Hund lernt man den Tag sinnvoll zu nutzen und jede Wettersituation zu lieben — es gibt kein schlechtes Wetter, sondern nur »unanständige« Kleidung.

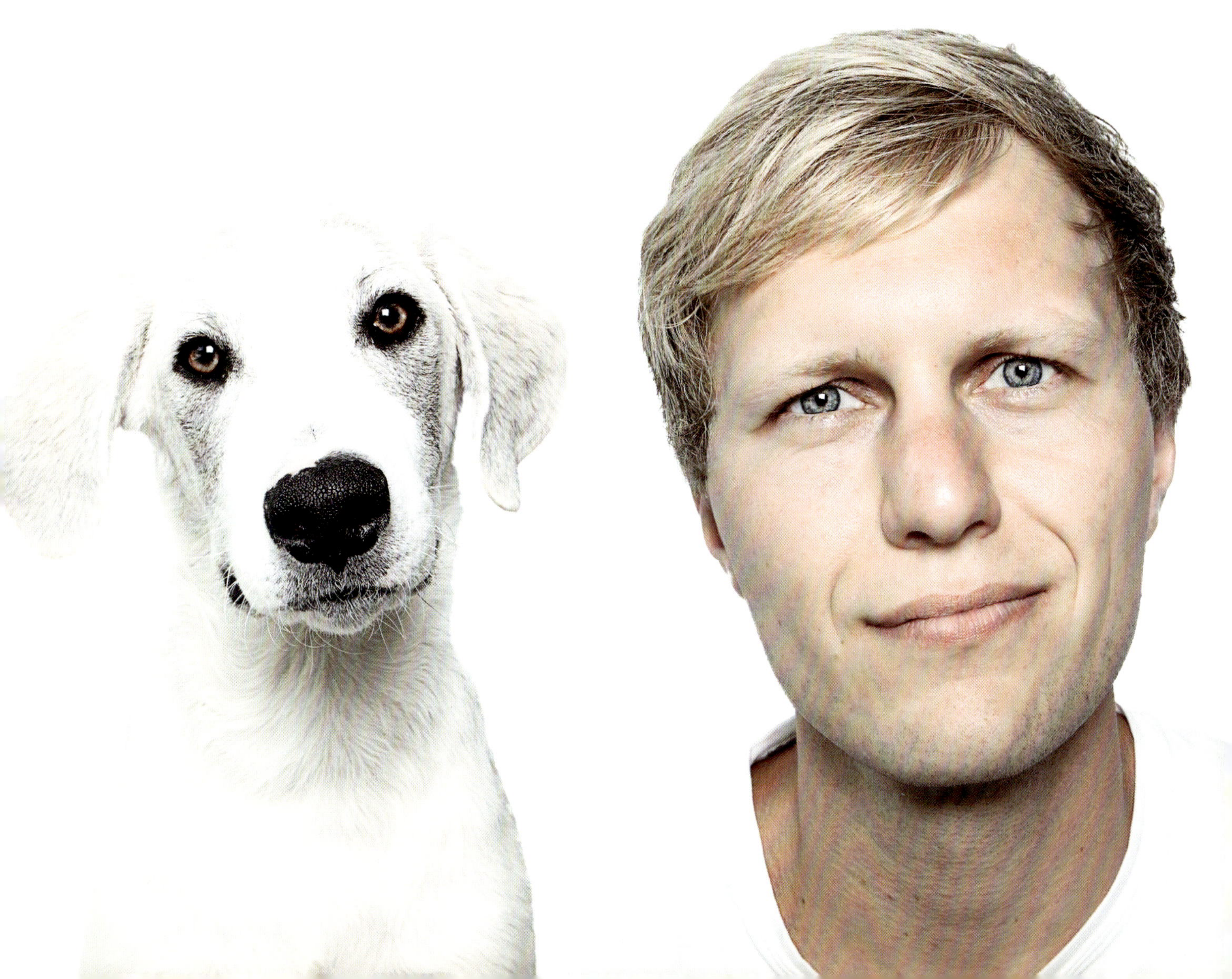

Katja, 33 Jahre, Geschäftsführerin Werk 2 Leipzig, mit ihrem Mischling Emma, 1 Jahr

Vermutlich von tibetanischen Mönchen erzogen, ist Emma unendlich lieb und gelassen. Sie könnte keiner Fliege etwas zuleide tun. Durch sie bin ich zu einem Hundemensch geworden, ich bin ständig im Wald, am See und überhaupt an der frischen Luft und erlebe Natur wie noch nie zuvor in 33 Jahren.

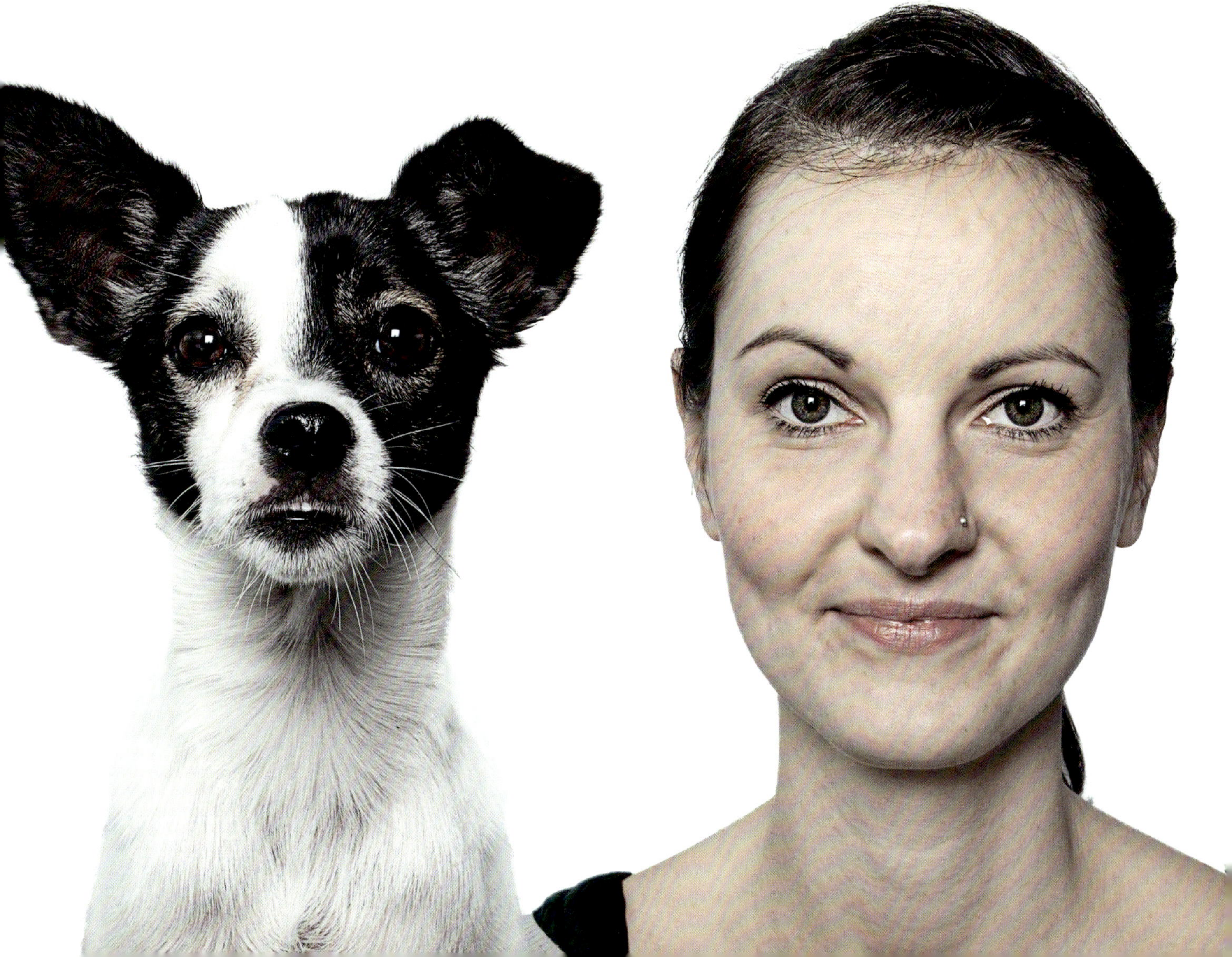

Tamara, 14 Jahre, Schülerin, mit Dustin, ihrem Cavalier King Charles Spaniel, 3 Jahre

Dustin ist ein kleiner Hausbewacher, aber nur solange sein »Feind« nicht zu nahe kommt. Er ist ein Supergegenüber, um für die Schule zu lernen, hört aufmerksam zu, auch wenn er nichts versteht, und bleibt die ganze Zeit bei mir, bis wir wieder rausgehen und uns den schöneren Dingen des Lebens widmen können.

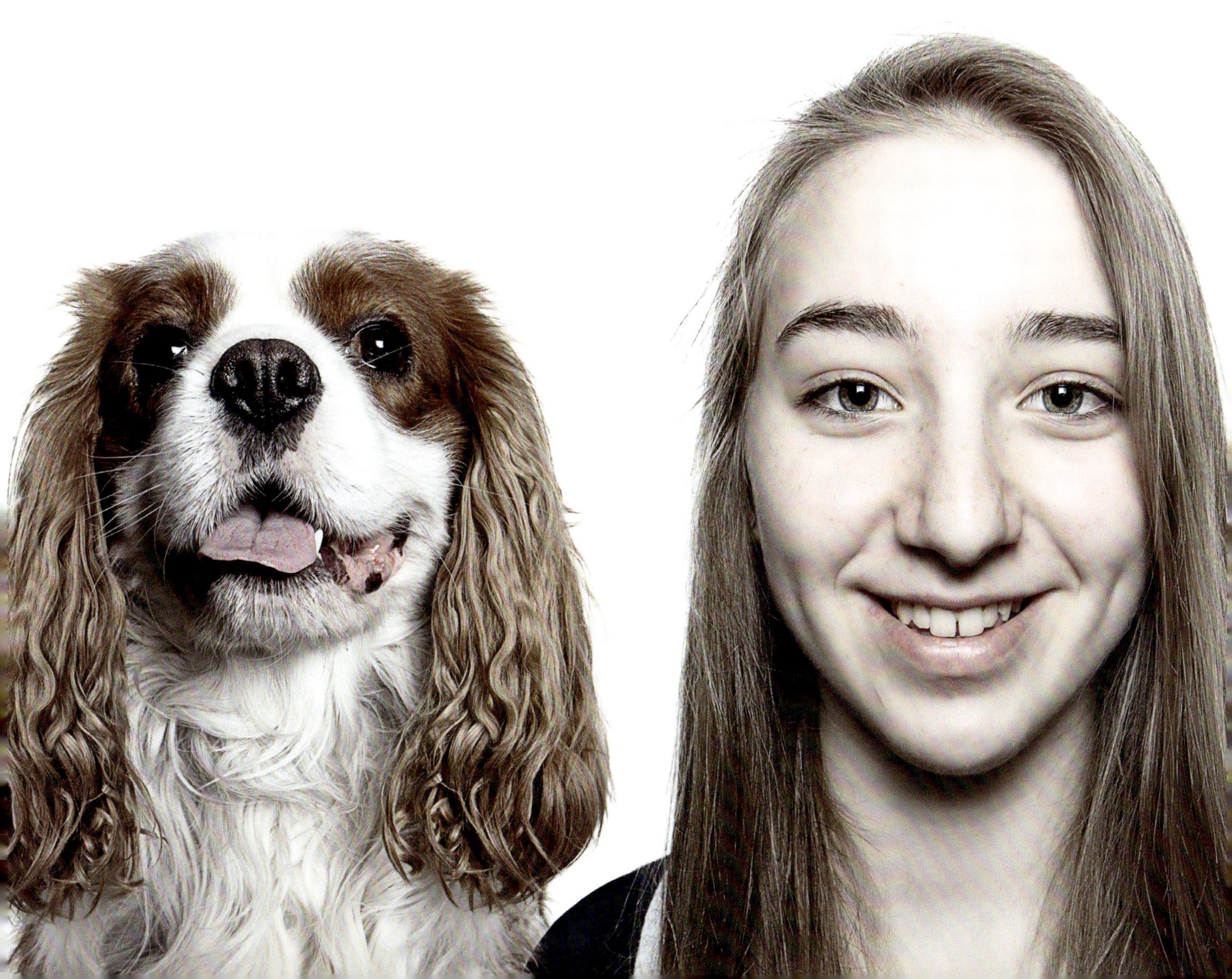

Robin, 25 Jahre, Friseur, mit seiner Stafford-Labrador-Mischlingshündin Piper, 1 Jahr

Der Himmel auf Erden ist für Piper ein prall gefüllter Teich mit Enten — platsch! Schon ist sie reingesprungen und verfolgt die Armen unaufhörlich von einem Ufer zum anderen. Fangen tut sie keine, aber es macht ihr Spaß, die Enten etwas auf Trab zu halten. Vermutlich klaut sie aus den gleichen Beweggründen auch gern mal fremden Hunden ihre Bälle, um dann damit vor deren Nasen herumzuwedeln und sie zum Spielen zu animieren.

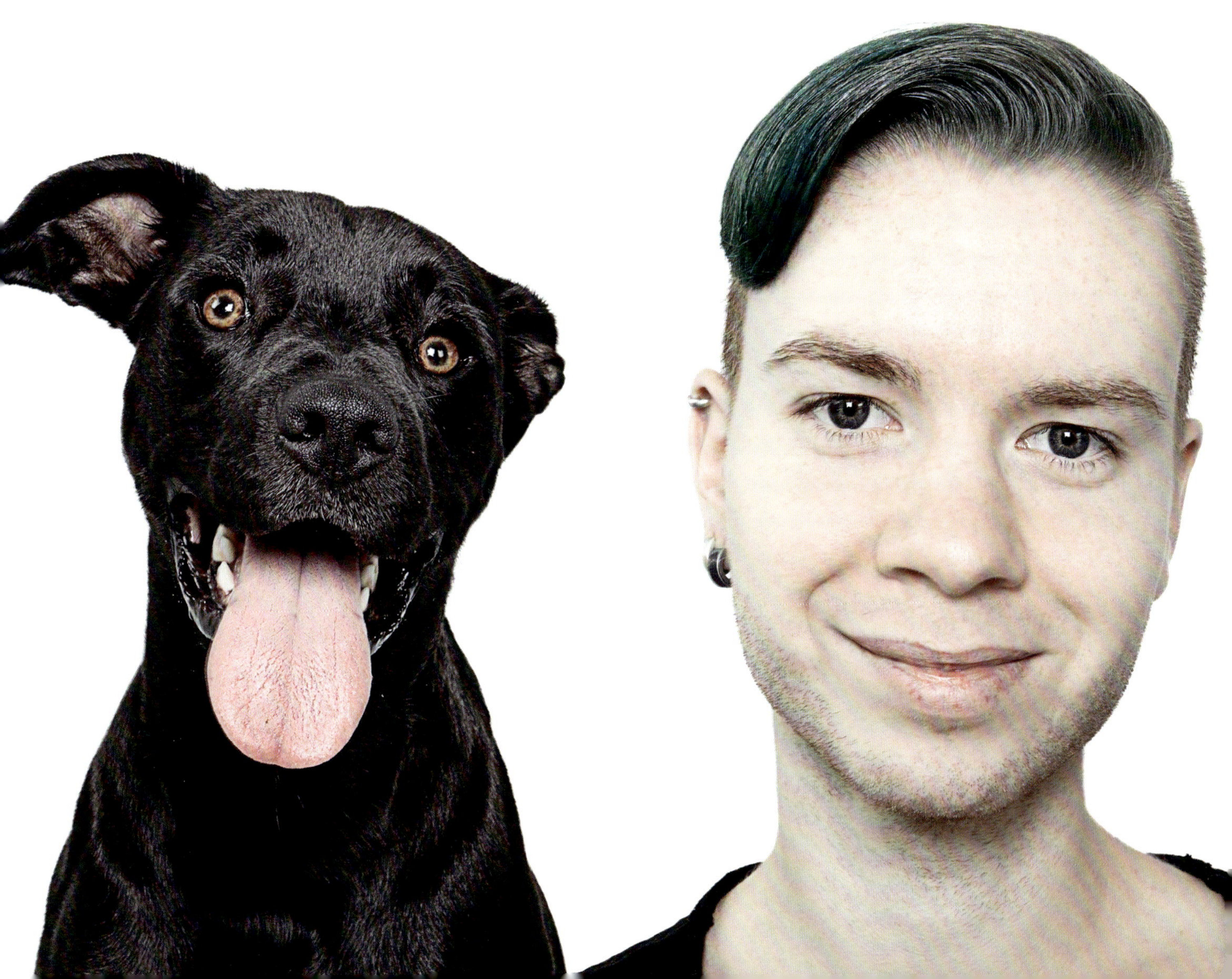

Kerstin, 28 Jahre, Inhaberin von *Gscheade Leibal-Shop*, mit ihrer Eurasier-Dame Coco, 5 Monate

Nachdem ich den Eurasier als Rasse für mich entdeckt hatten, war klar, diese Mischung aus Bär und Wollknäuel soll es sein. Seit Coco bei mir ist, fühle ich mich wohl, wenn sie am Abend neben meinem Bett schläft und ihre lustigen Geräusche von sich gibt.

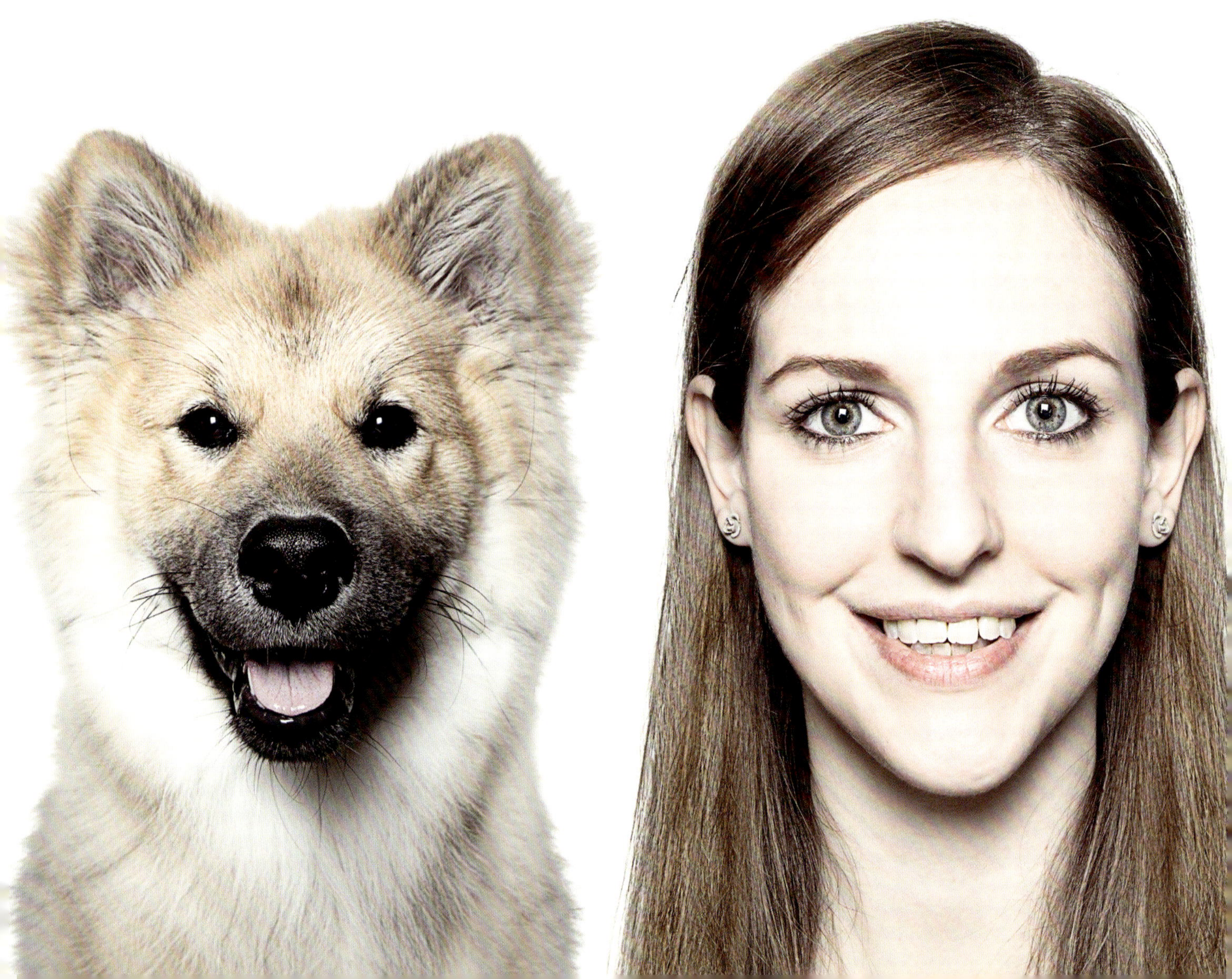

Erik, 31 Jahre, Ingenieur, mit seinem Jack Russell Terrier Leni, 5 Jahre

Leni versteht es sehr gut, sich in einem Rudel aus Jagdhunden Gehör und die Alphaposition zu verschaffen. Sie ist ungeplant in mein Leben gepurzelt, seither der wichtigste Bestandteil darin und derzeit wohl die einzige Frau, die es auf Dauer mit mir aushält.

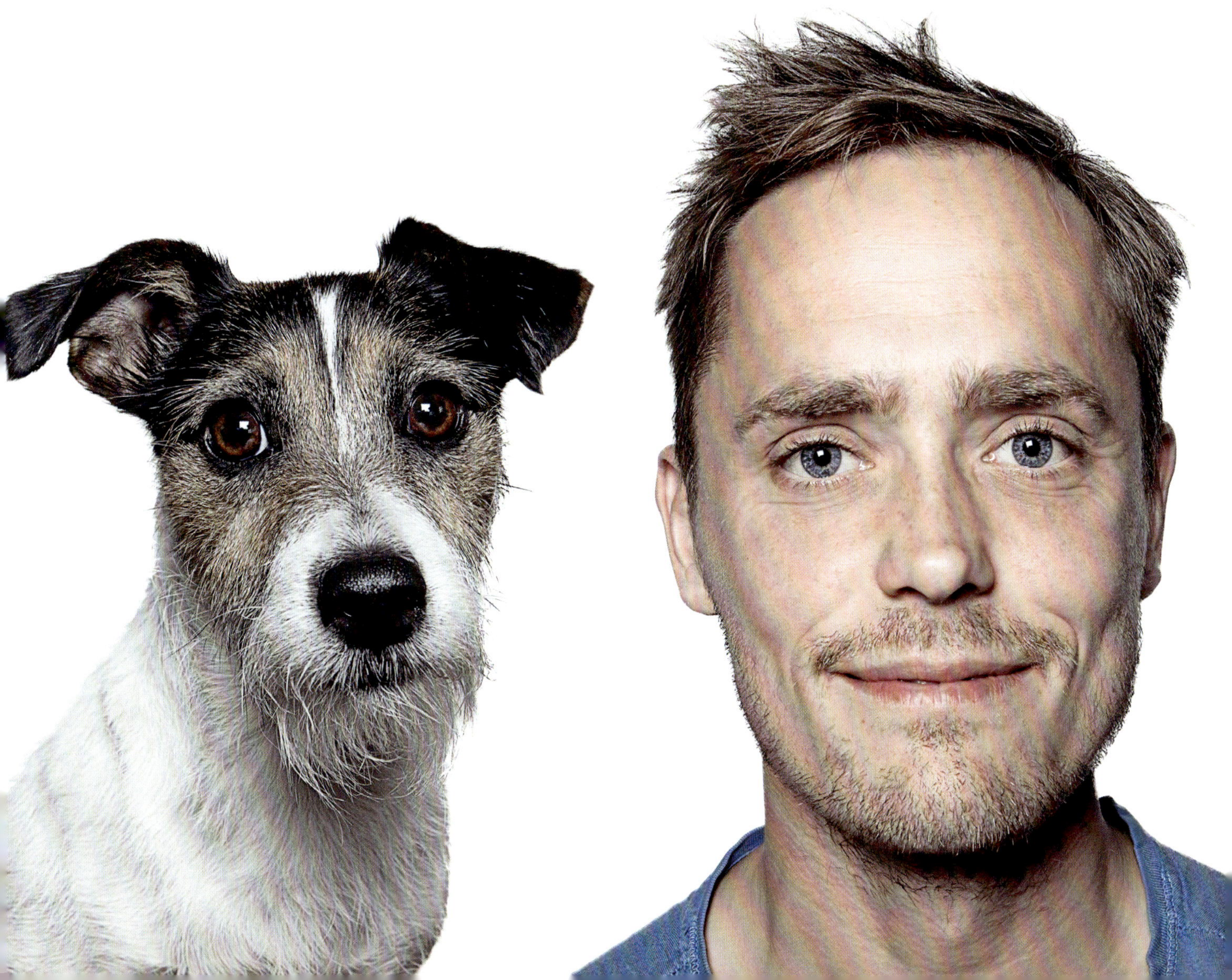

Erik, 26 Jahre, Fahrradkurier, mit seinem Podenco Fernando, 4 Jahre

Früher als Fahrradkurier war das Fahrrad für mich wie für andere die Luft zum Atmen. Fernando kam aus einer Tötungsstation und wir machen alles, damit er seine Vergangenheit schrittweise verarbeiten kann. Da ihm Fahrräder nach wie vor ein Graus sind, verzichte ich seither auf den Drahtesel und laufe mit ihm jeden Weg, egal wie weit. Ich würde mein letztes Hemd für Fernando geben, denn seit unserer ersten Begegnung sind wir Freunde fürs Leben, machen alles gemeinsam und geben uns gegenseitig Halt.

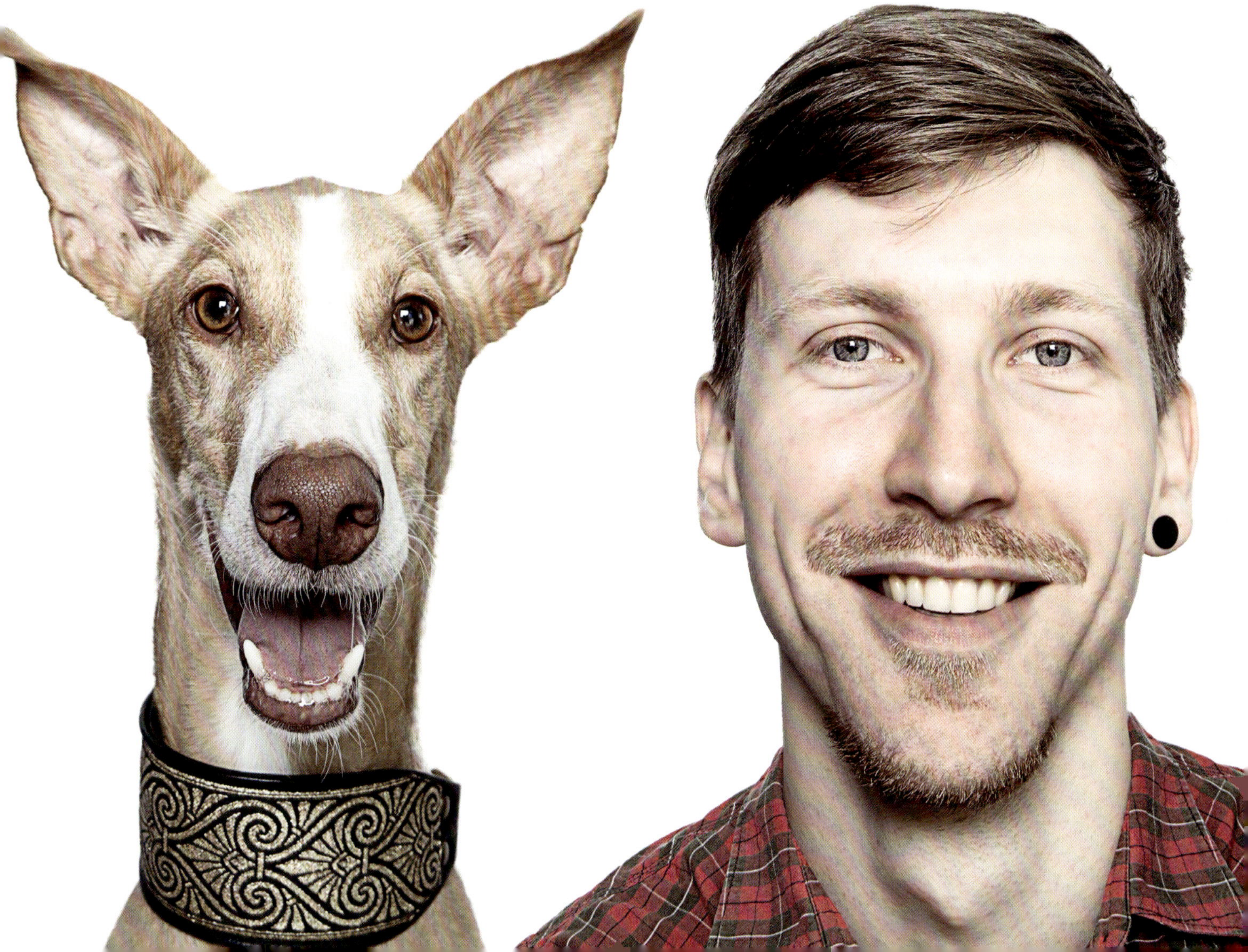

Manu, 34 Jahre, mit Chiron, ihrem Magyar Viszla, 7 Jahre

Wenn ich meinen Hund beschreiben müsste, ist Energie-Spar-Viszla das Erste, das mir in den Sinn kommt. Chiron lümmelt gern bei mir auf dem Schoß herum und genießt seine Streicheleinheiten. Als Behindertenbegleithund assistiert er mir wunderbar im Alltag und erleichtert mir sehr vieles, wofür ich ihm unglaublich dankbar bin.

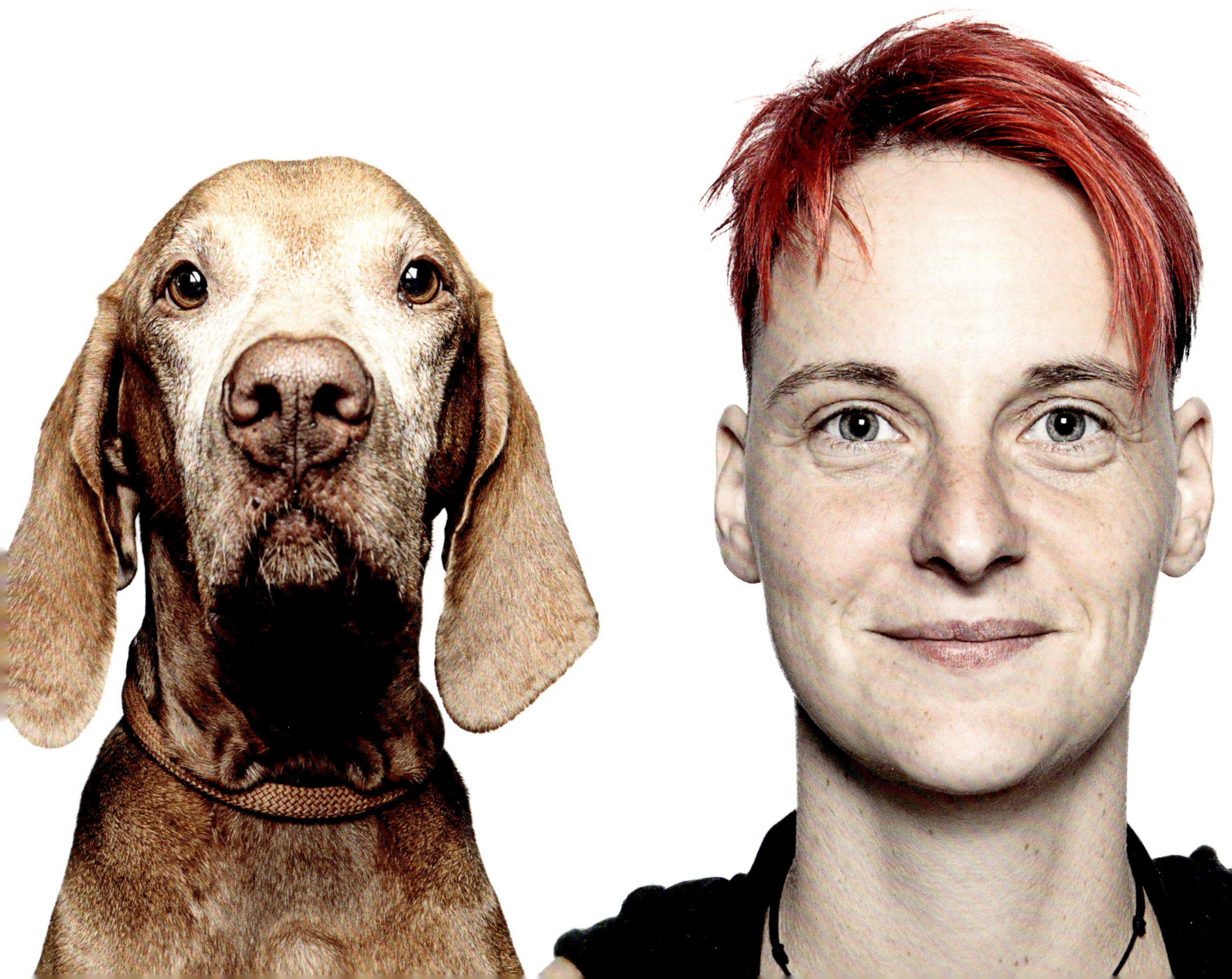

Thomas, 30 Jahre, Krankenpflegehelfer, mit seinem American Bulldog Jimbo, 1 Jahr

Als mein Dicker noch kleiner war und ich nicht zu Hause, hatte er eine gute Beschäftigung für sich entdeckt: Fein säuberlich die Tapete entfernen, um sich dann durch den Putz und die Gipskartonplatte bis runter auf die Backsteinmauer zu graben. Ergebnis: 40x40cm große und ca. 4 cm tiefe Löcher, die Wohnung eingehüllt in Staub und der Herr fröhlich mit dem Verteilen von weißen Tatzen beschäftigt. Glücklicherweise ist er aus diesem Alter raus!

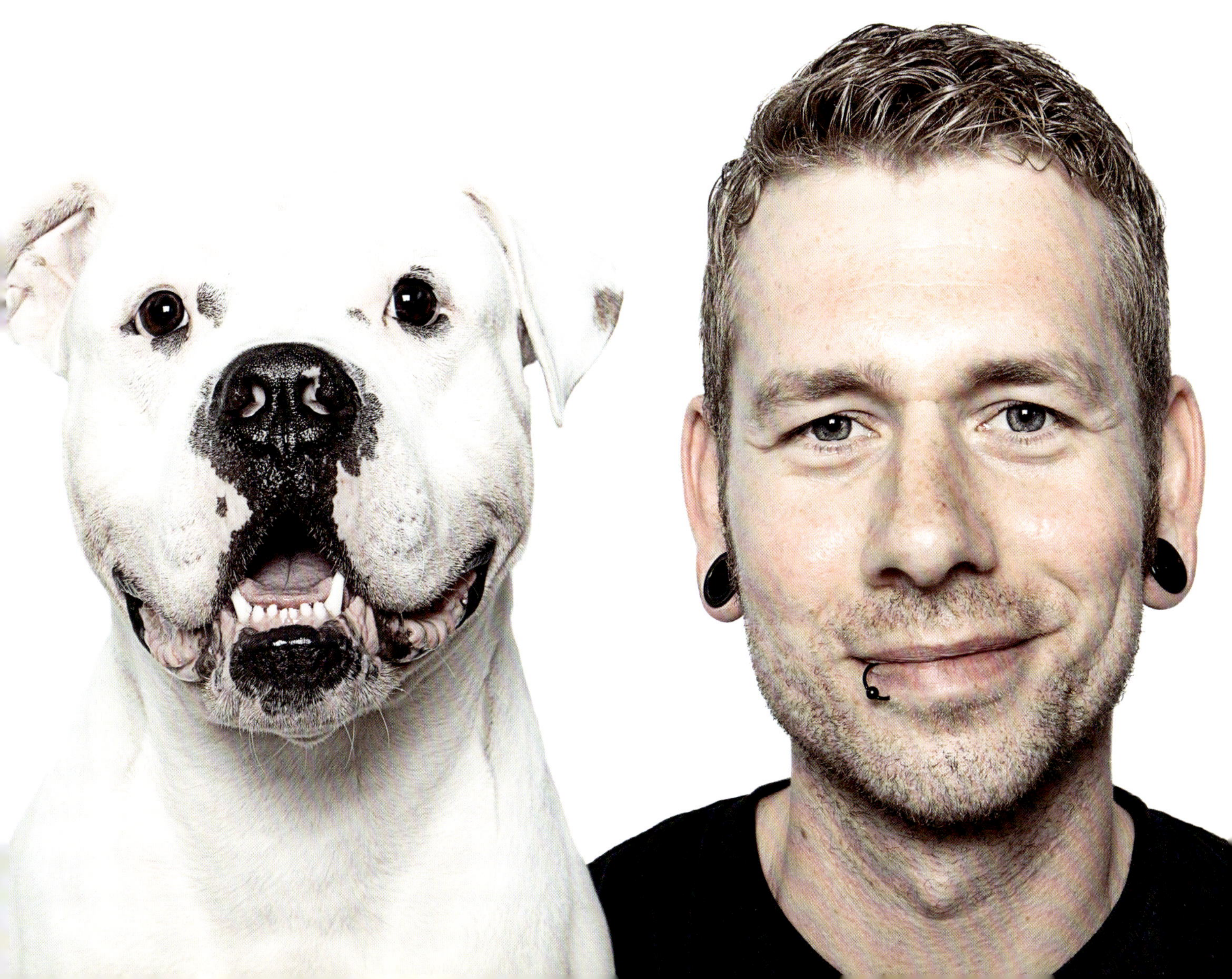

Nina, 32 Jahre, Geschäftsführerin, mit ihrem Chihuahua Kira, 6 Jahre

Ich kam, sah und siegte. Da ihre Züchterin mit ihr weiterzüchten wollte, galt Kira als unverkäuflich. Doch vom ersten Moment an wusste ich, dass Kira der richtige Hund für mich war und sonst kein anderer. Nach dreistündiger Diskussion und mit viel Verhandlungsgeschick durfte ich sie dann unter Zähneknirschen mitnehmen. Die Züchterin bereut es bis heute, ich jedoch noch keinen Tag in den letzten sechs Jahren!

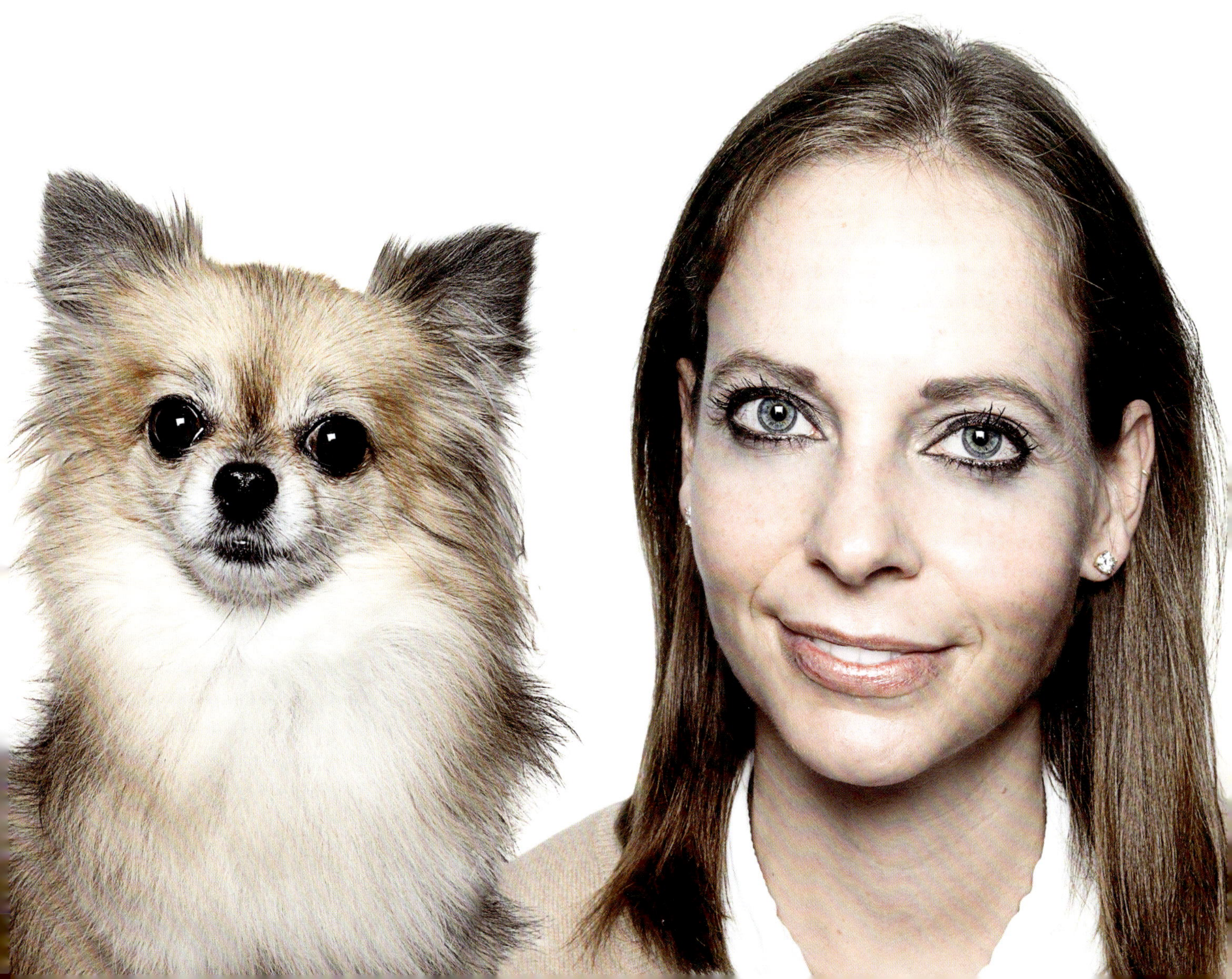

Philipp, 26 Jahre, Tierarzt, mit seiner Altdeutschen-Schäferhund-Mischlingshündin Chelsea, 5 Jahre

Chelsea ist der Inbegriff eines Hütehundes und ein Kläffer vor dem Herrn. Sie bewacht ihre »Herde«, also uns, unablässig, auch wenn ich zum Beispiel mit Freunden im Sommer am See liege, läuft sie die ganze Zeit kläffend um uns herum und achtet ganz genau darauf, dass ja kein Eindringling unsere (dank ihr laute) Ruhe stört.

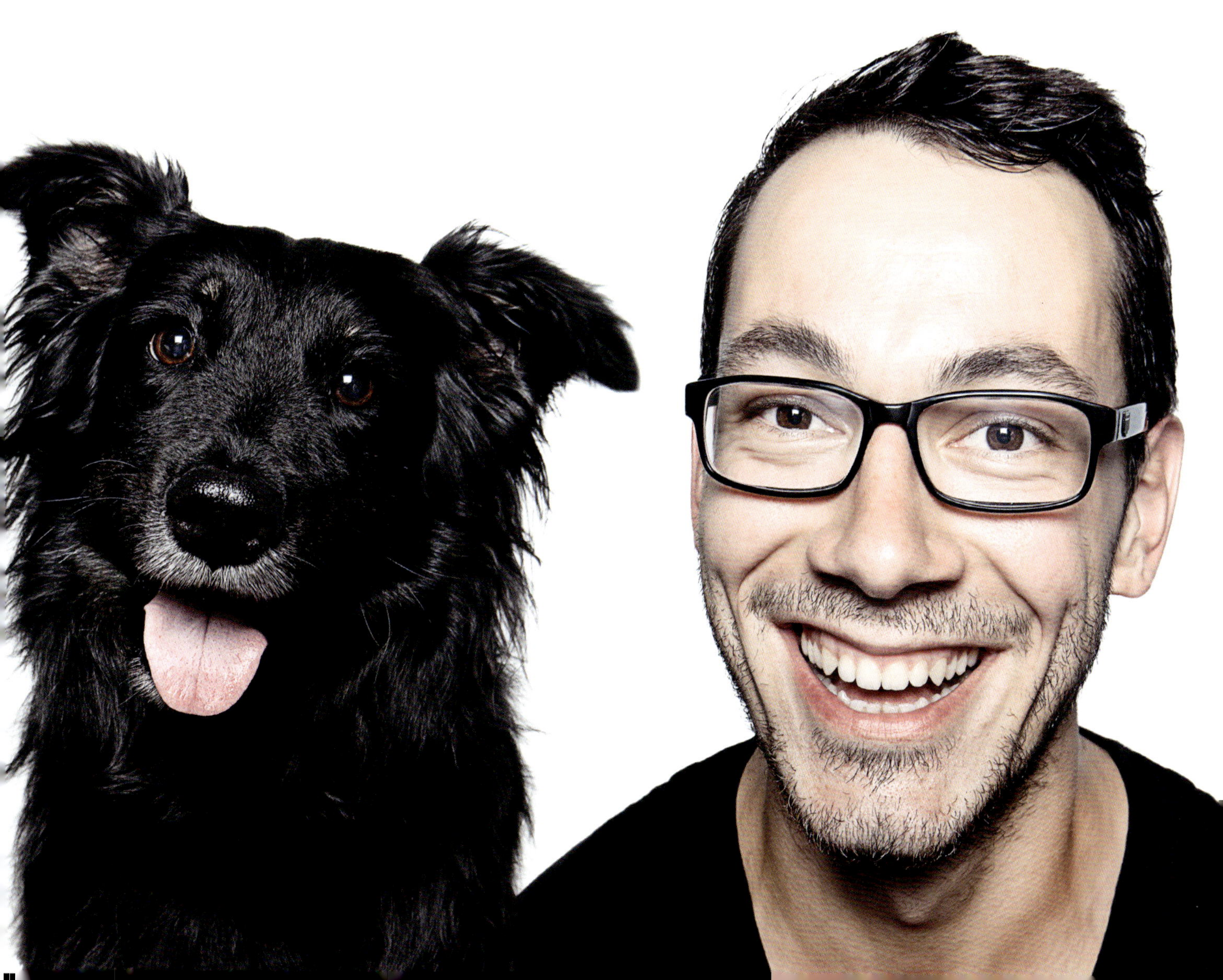

Frank, 34 Jahre, Teamleiter, mit Mathilda, seiner Mops-Chihuahua-Mischlingshündin, 11 Wochen

Mathilda ist sozusagen frisch bei uns eingetroffen und ich bin gespannt, wie sich unsere Beziehung entwickeln wird. Ich wollte einen zweiten, kleinen, agilen und gelehrigen Hund, der zum Ausgleich diesmal kein Jack Russell Terrier sein sollte.

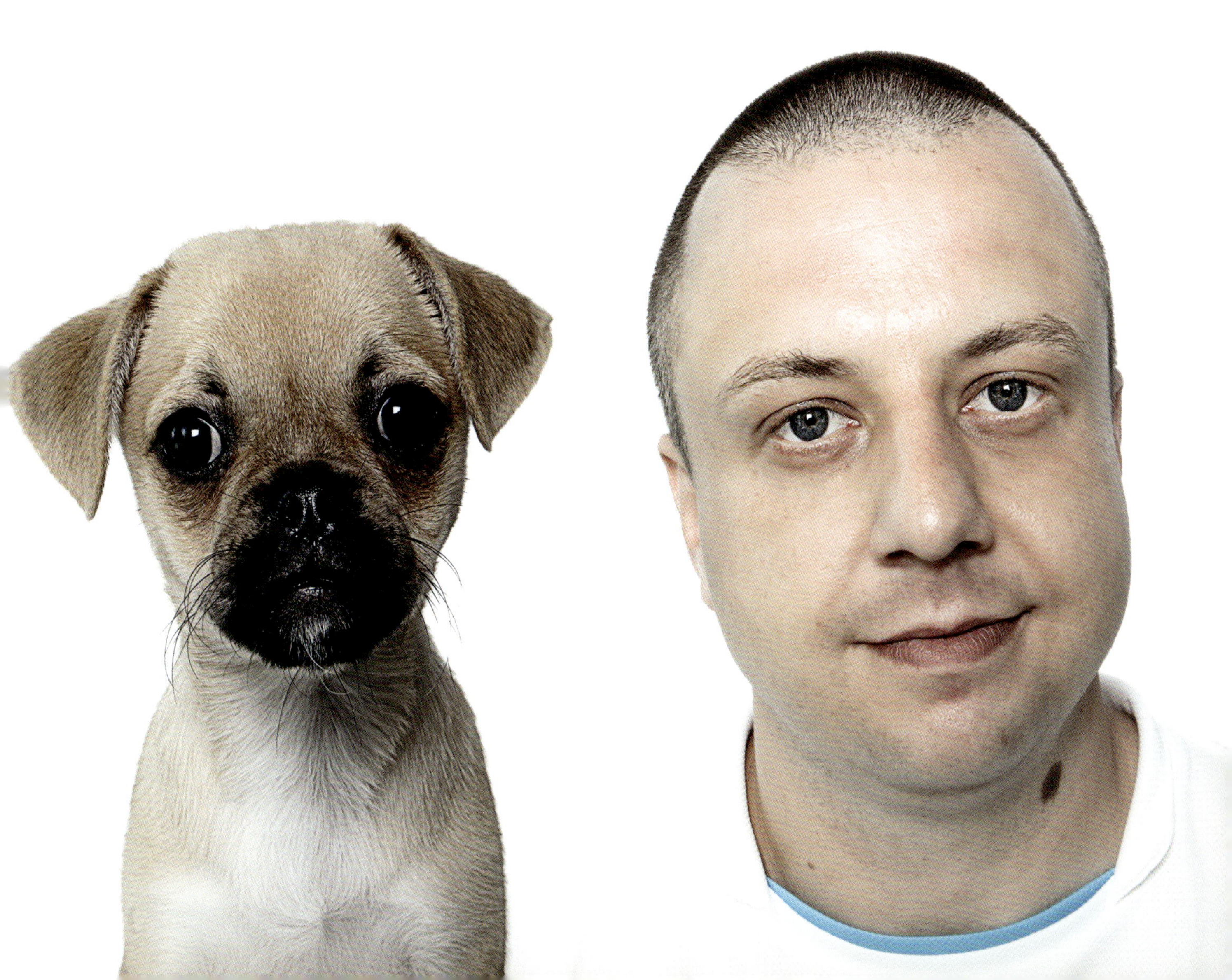

Armin, 28 Jahre, in Elternzeit, mit seiner Pinscher-Mischlingsdame Tira Misu, 6 Jahre

Vom Hundefeind zum Hundefreund – so oder so ähnlich erging es mir, seit Tira an meiner Seite ist. Sie genießt meine antiautoritäre Erziehung in vollen Zügen, Strenge und Ernsthaftigkeit sind nicht mein Ding und haben in unserer Beziehung nicht viel Platz. Tira schenkt mir Ruhe und Gelassenheit und dafür trage ich sie ohne schlechtes Gewissen auf Händen.

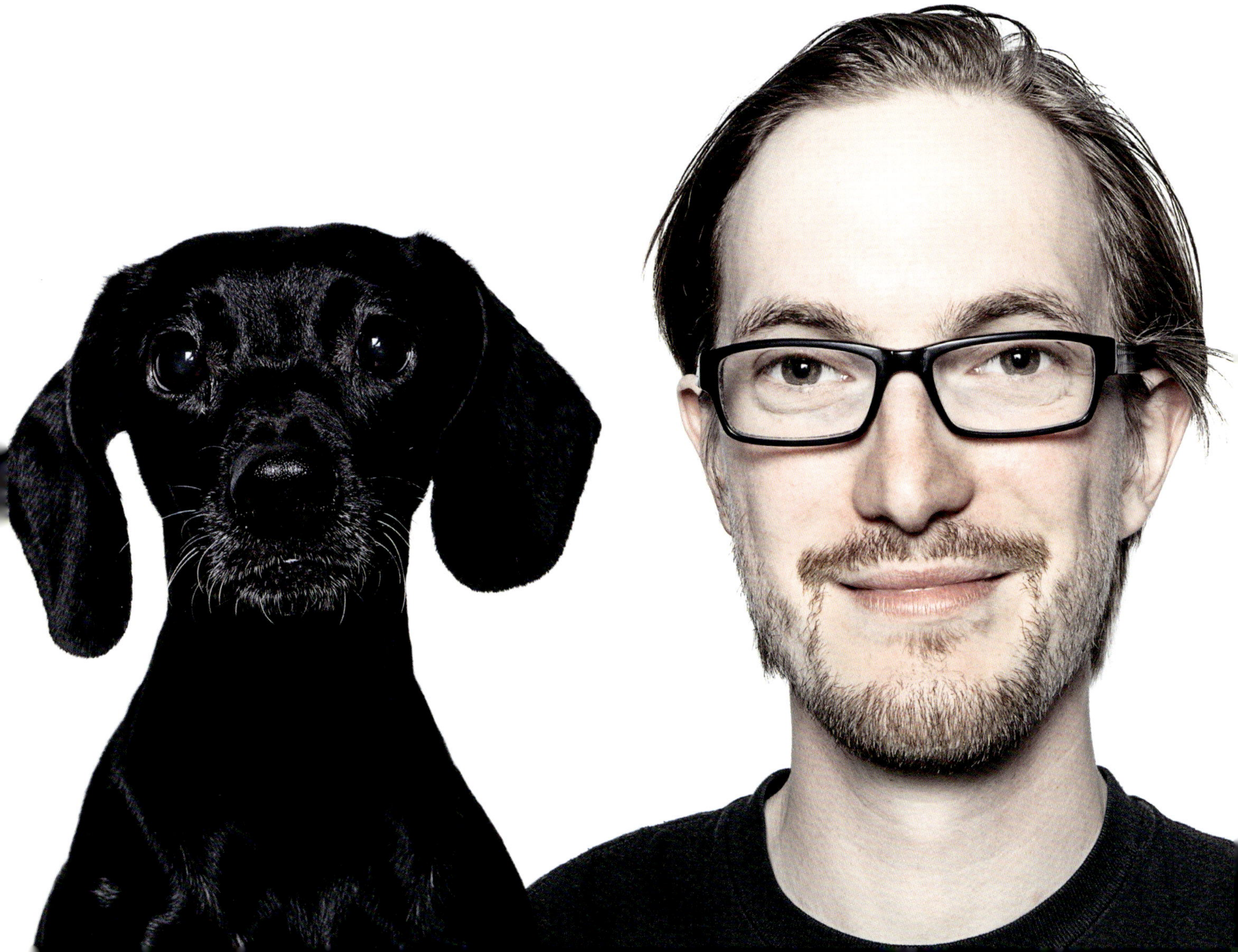

Astrid, 25 Jahre, Angestellte im IT-Management, mit ihrem
Australian Shepherd Cowboy, 5 Jahre

Die Leute sehen oft nur den gut erzogenen Hund und haben keine Vorstellung von der Arbeit, die dahintersteckt. Cowboy hat mir ordentlich eingeheizt und mir immer wieder die Hörner gezeigt. Wegen ihm habe ich mich nicht nur einmal zum Affen gemacht – umso stolzer bin ich nun, dass er mir nicht nur gehorcht, sondern darauf bedacht ist, mir zu gefallen. Das ist ein tolles Kompliment von so einem unabhängigen Geist und jetzt kann ich problemlos sagen: Mit diesem Cowboy kann ich Pferde stehlen.

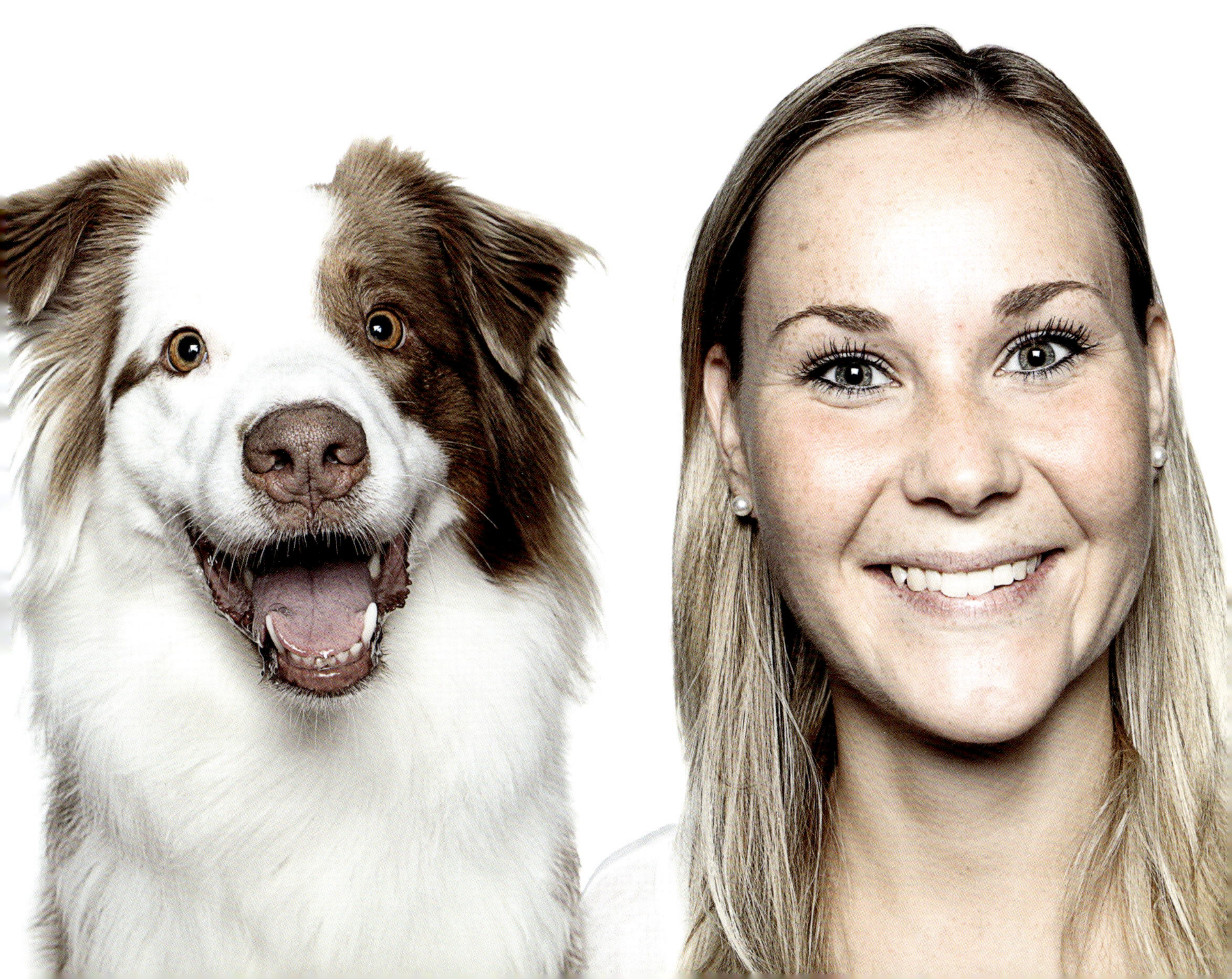

Patrik, 45 Jahre, Schiffsversorger, mit seiner Deutsch-Kurzhaar-Dame Rina, 3 Jahre

Von Natur aus liebt sie das wilde Leben, immer ist sie unter Strom und scharf auf Action, Sport und Spannung – Rina möchte gefordert werden, körperlich ebenso wie geistig. Sie ist eine wunderbare Jagdgefährtin und begleitet mich jeden Tag 24 Stunden lang, zu Hause genauso wie im Büro und in meiner Freizeit. Sie beeindruckt mich immer wieder, mit ihrem starken Charakter und ihrer Intelligenz ist sie manchem menschlichen Wesen überlegen.

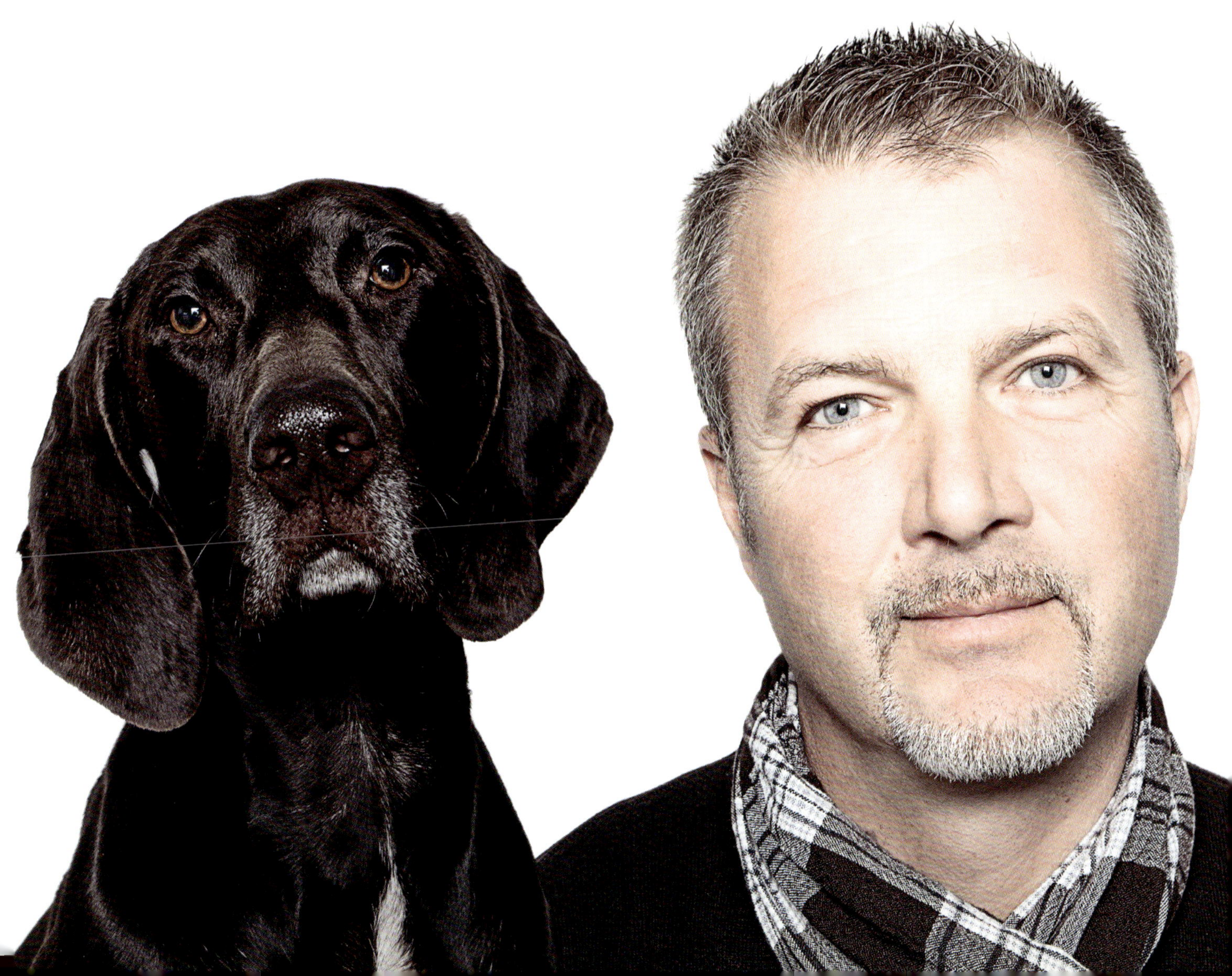

Marco, 28 Jahre, Industriekaufmann, mit seinem Foxterrier Diego, 2 Jahre

Diego ist für mich und meine ganze Familie der absolute Mittelpunkt, denn er begleitet mich bis auf wenige Ausnahmen überallhin. Ganz terriertypisch ruhen zwei Seelen in seiner Brust, einerseits ist er die Gelassenheit schlechthin, andererseits kann er total ausflippen und mutiert zur Sportskanone.

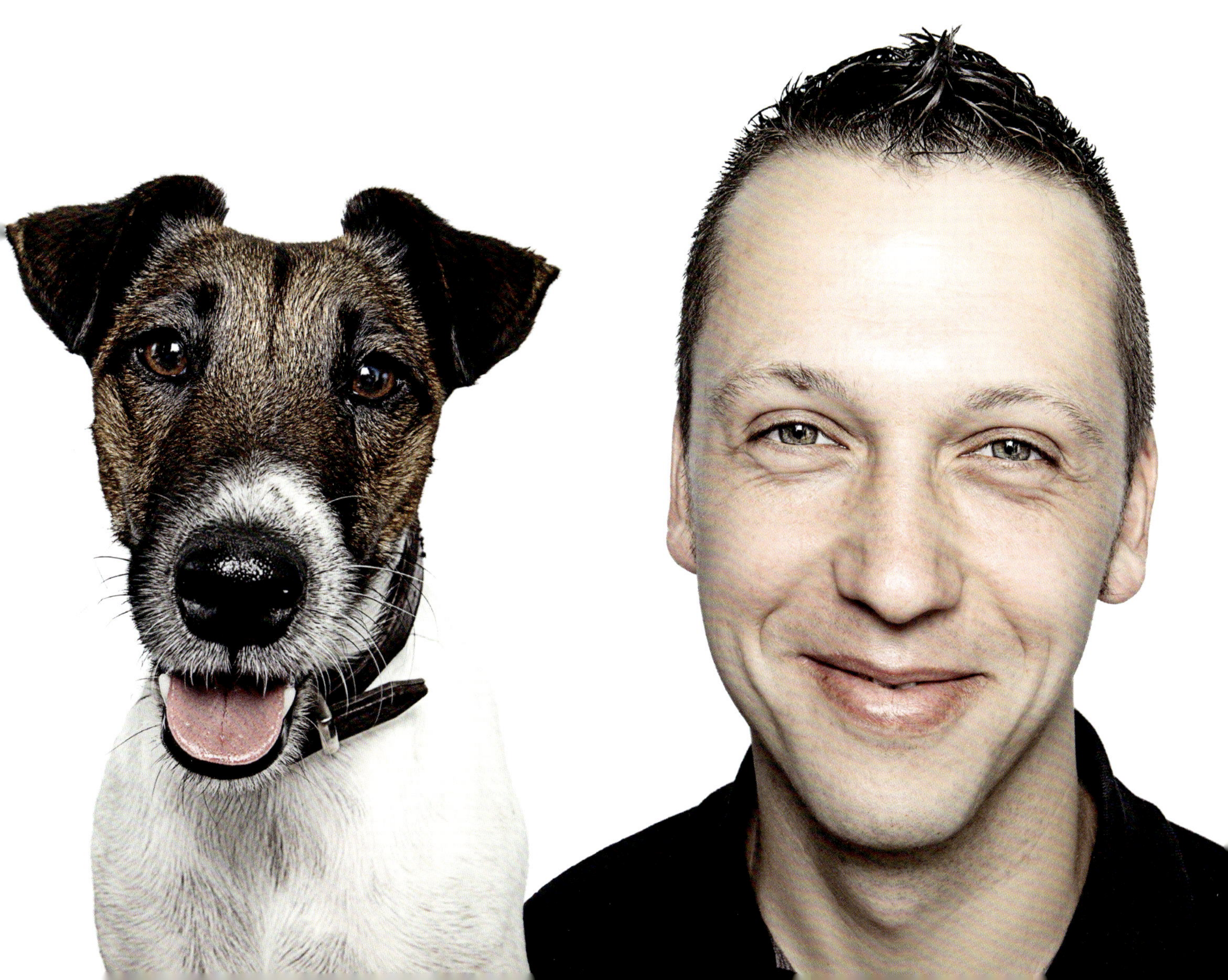

Wolfgang, 55 Jahre, Rentner, mit seinem Mischling Paul, 6 Jahre

Paul ist aus einer Tötungsstation und unwahrscheinlich dankbar für alles, was ihm mit seiner zweiten Chance gegeben wurde. Das lässt er uns durch Liebe und Zuneigung spüren, er sucht stets den Kontakt zu uns und wird in schwierigen Situationen von unserem ersten Hund geführt, wodurch auch er ein glückliches Hundeleben führen kann.

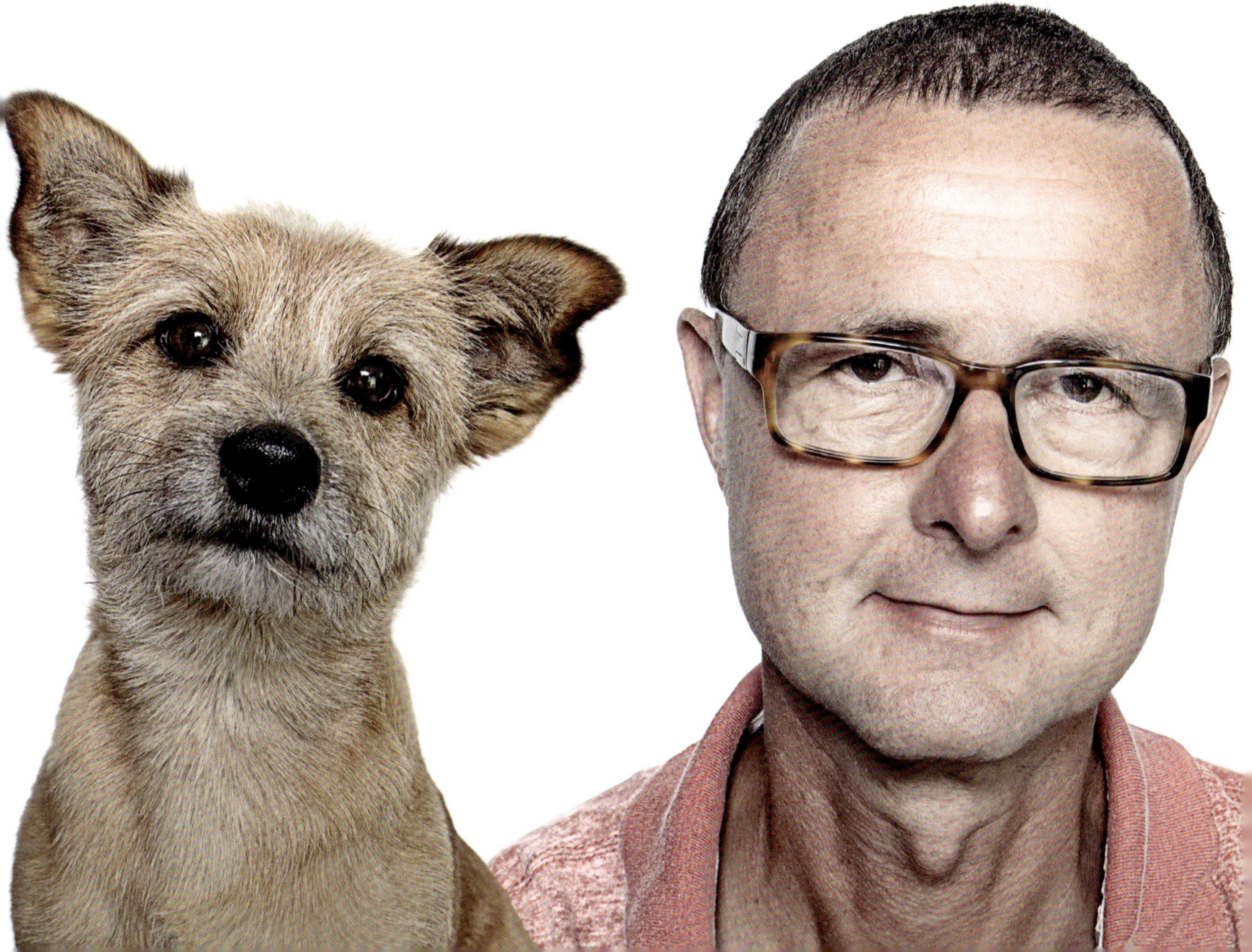

Manu, Bautechnikerin, mit ihrem Chihuahua Destiva, 1 Jahr

Meine Hündin wird ihrem Namen sehr gerecht, denn sie ist eine kleine Diva. Destiva setzt sich nicht gern auf schmutzigen Untergrund und ist eine kleine Sonnenanbeterin, die sich aber auch nur dann hinlegt, wenn ich ihr eine entsprechende Decke vorbereite. Ansonsten ist sie sehr entspannt und eine wirklich tolle Freundin.

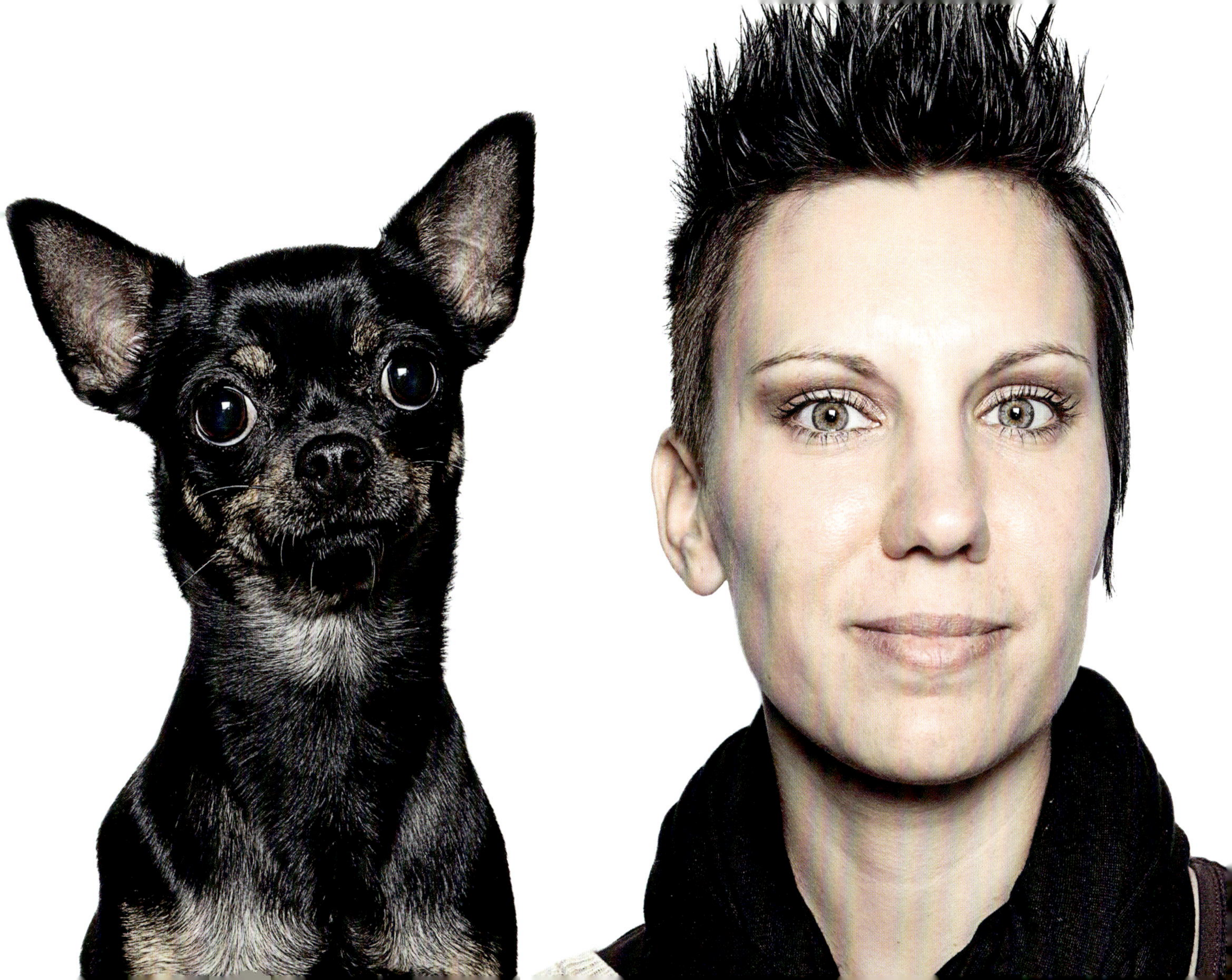

Pascal, 27 Jahre, Wellness-Techniker, mit seinem Shetland Sheepdog Jessy, 10 Monate

Ich war eigentlich auf der Suche nach einer Katze, denn die Vorstellung von einem zerstörerischen Hundewelpen jagte mir Angst ein. Als ich jedoch die Bilder von Jessy im Internet entdeckte, wollte ich sie unbedingt kennenlernen und fuhr direkt am nächsten Wochenende die tausend Kilometer bis zum Züchter. Ich war völlig baff von ihrer ruhigen Art, kein nerviges Gebell oder irgendwas, was mir vorher noch Sorgen gemacht hatte. Somit gab es keine Ausreden mehr und Jessy zog bei mir zu Hause ein.

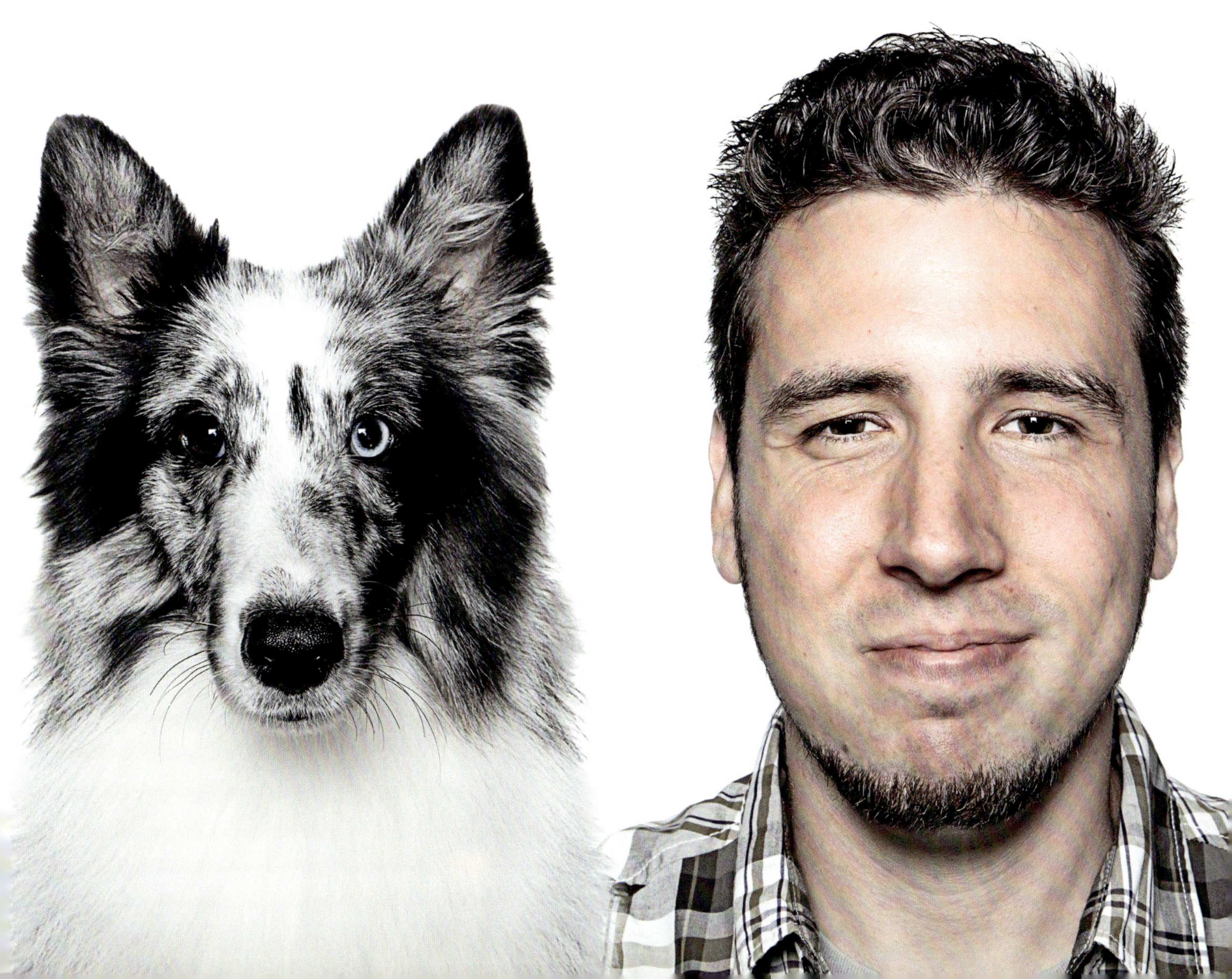

Katja, 23 Jahre, Fotografin, mit Lina, ihrem Boxer-Labrador-Mischling, 1 Jahr

Lina lebt ganz nach dem Motto: »Ich bin da, ich bin die Prinzessin«. Sie latscht allen gnadenlos auf die Füße, schlabbert jedem die Hände ab, rennt wie von einem Schwarm Hummeln gestochen durch die Wohnung, spielt Ball, als gäbe es kein Morgen, gerne auch mal mit Purzelbäumen und diversen Überschlägen. Mit der Konzentration hat sie es nicht so, während meine andere Hündin unzählige Kommandos beherrscht, macht die Prinzessin da gerne nur halbe Sachen.

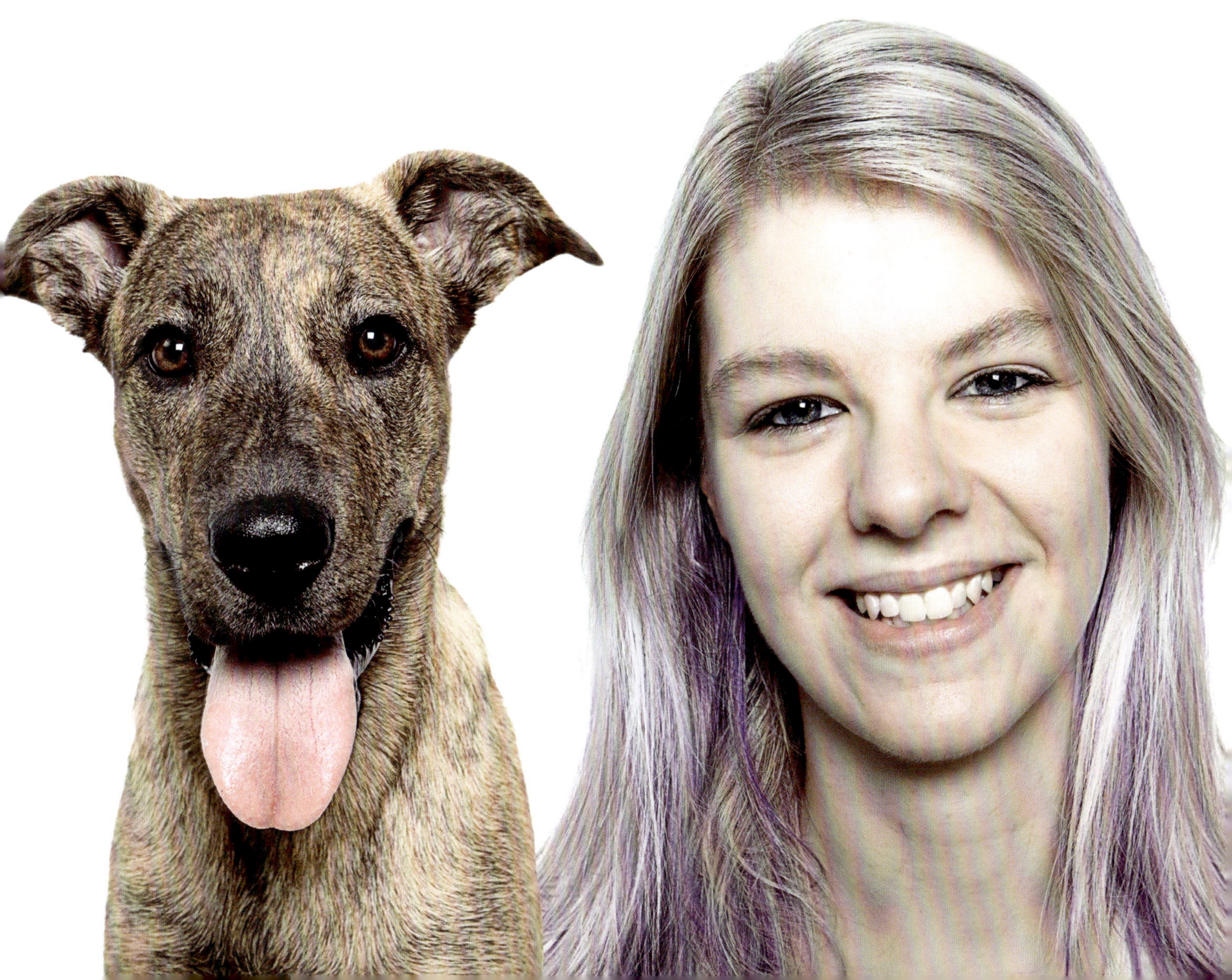

Monique, 35 Jahre, Frührentnerin, mit Kalle, ihrem Shar Pei, 5 Jahre

Ich bin körperlich behindert genauso wie mein Hund und wir helfen uns gemeinsam, besser durchs Leben zu kommen. Ich habe ihn, als er zwei Jahre alt war, durch eBay gefunden und bei seinen Vorbesitzern geholt. Er hat mich durch seine ruhige Art und all die Liebe, die wir uns geben, aus einem Tief befreit. Ich möchte nicht mehr ohne meinen Kalle sein.

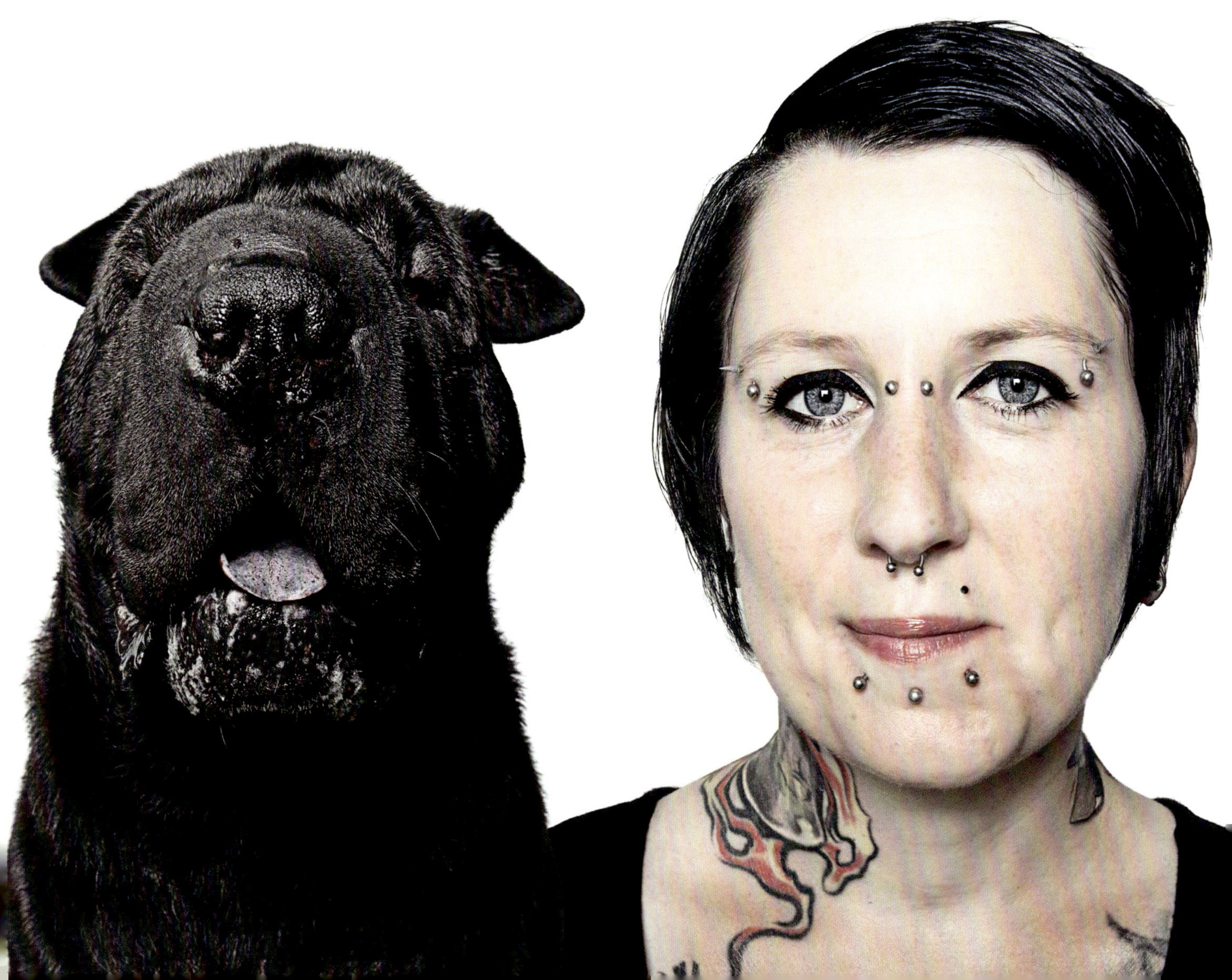

Sabine, 22 Jahre, Mikrobiologie- und Genetikstudentin, mit ihrem Golden Retriever Roxy, 1 Jahr

Roxy liebt das Schwimmen, Wasser ist ihr Element und sie entspricht auch sonst all den Dingen, die einem Golden Retriever nachgesagt werden. Sie ist Frühaufsteherin, absolut streichelsüchtig, natürlich auch schlau, verfressen und vor allem immer gut gelaunt. Bei uns stimmt einfach die Chemie!

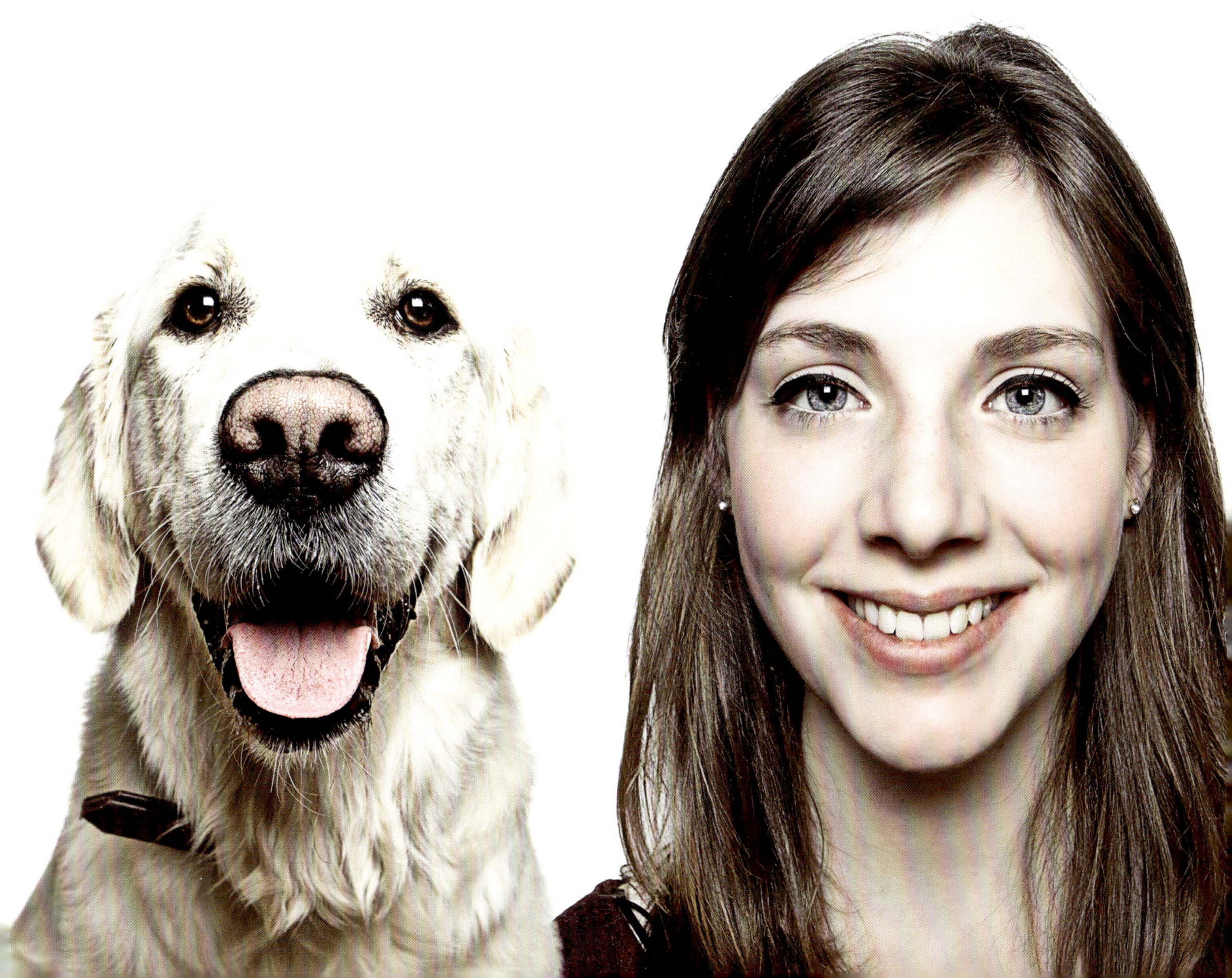

Nils, 36 Jahre, mit Jody, seinem Magyar Viszla, 2 Jahre

Trotz Jagdausbildung ist meine Jody jagduntauglich, da sie nichts Erschossenes apportieren wollte. Egal ob aus Mitleid oder ob sie keinen Spaß daran hat – Glück für mich, denn ansonsten hätte sie der Jäger sicher niemals hergegeben. Sie ist ein hundertprozentiger Wunschhund! Als ich sie sah, war es um mich geschehen – meine kleine »Raubsau« gebe ich nun nicht mehr her!

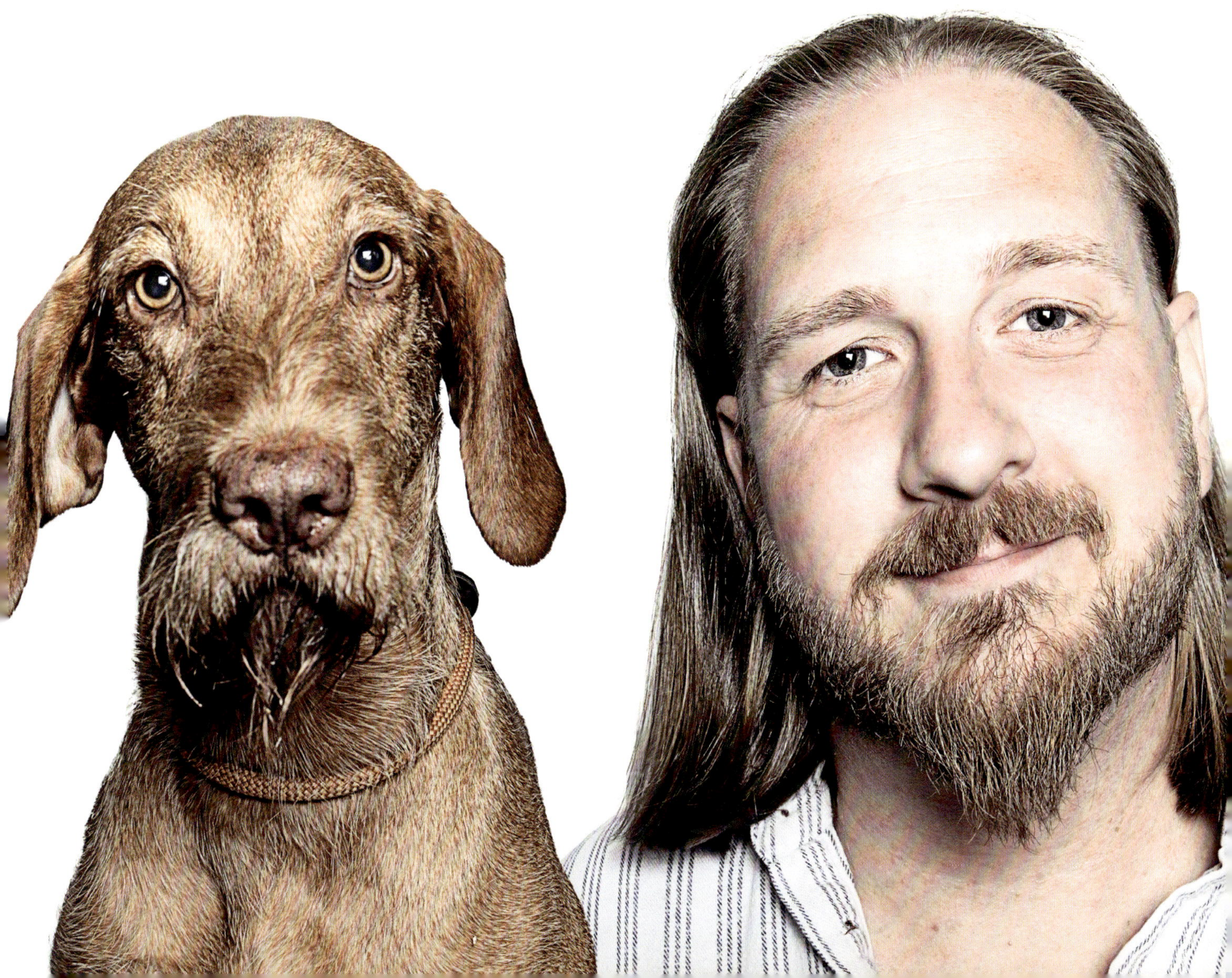

Patzer, 30 Jahre, (Medien-)Designerin und mehr, mit ihrer Französischen
Bulldogge Kiwi, 3 Jahre

Mein Kind, mein Herz und mein Schatten – das alles und noch viel mehr bedeutet Kiwi für mich. Ein wandelndes Fledermäuschen, das immer dabei sein will, außer es ist zu früh am Tag, dann kommt der Morgenmuffel in ihr heraus. Sie hat einen neugierigen und starken Charakter und schafft es im Handumdrehen, jeden für sich zu gewinnen.

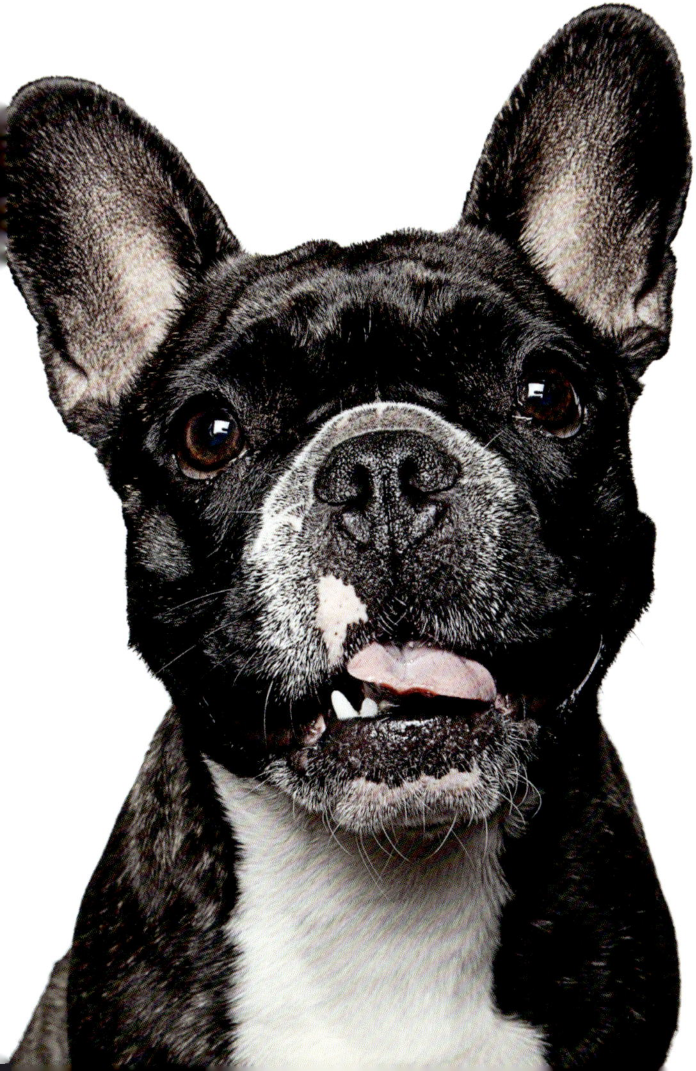
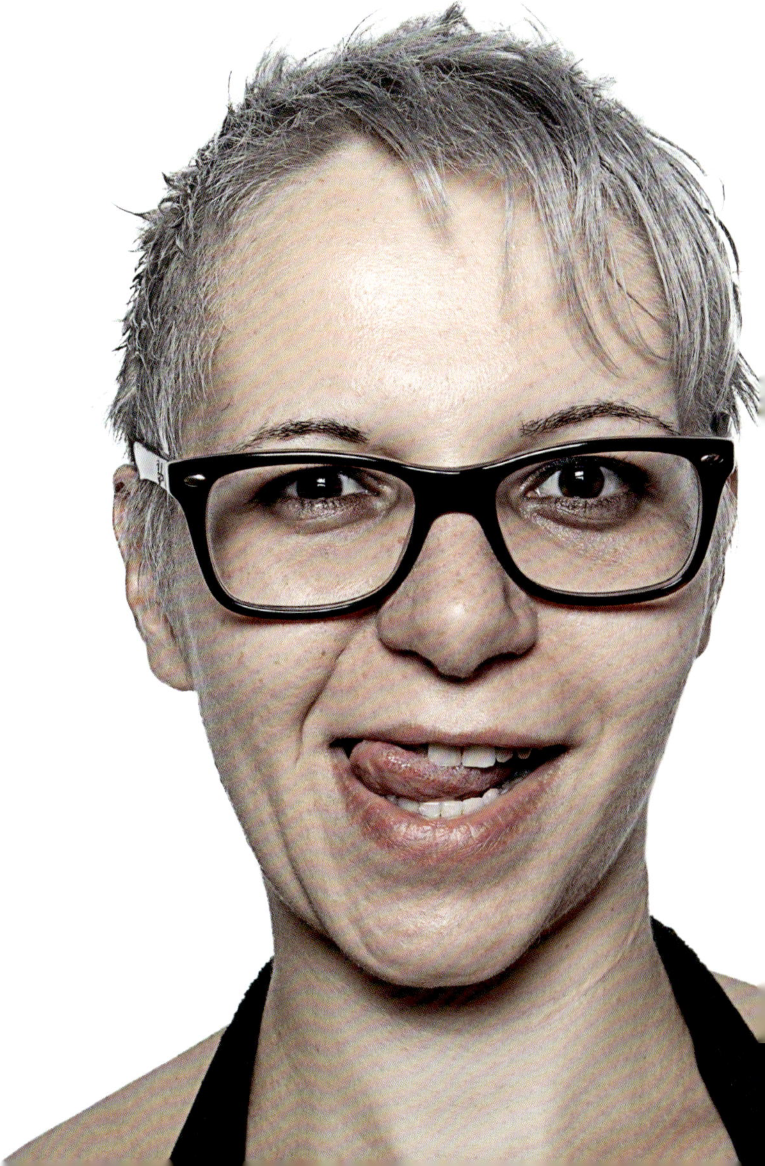

Abi, 25 Jahre, Geschäftsführer von *MMA Streetware*, mit seinem Rottweiler Bolbol, 2 Jahre

> *Bolbol ist in den Augen vieler ein großer, starker und vielleicht auch gefährlicher Kerl, doch in Wirklichkeit ist er sehr lieb und sensibel, hat sogar vor den Rolltreppen im U-Bahn-System Angst und lässt sich lieber von mir hinauftragen, oftmals zum Erschrecken derer, die uns entgegenkommen. Für mich ist er wie ein kleiner Bruder, der in jeder Situation auf mich zählen und auf meine Hilfe vertrauen kann.*

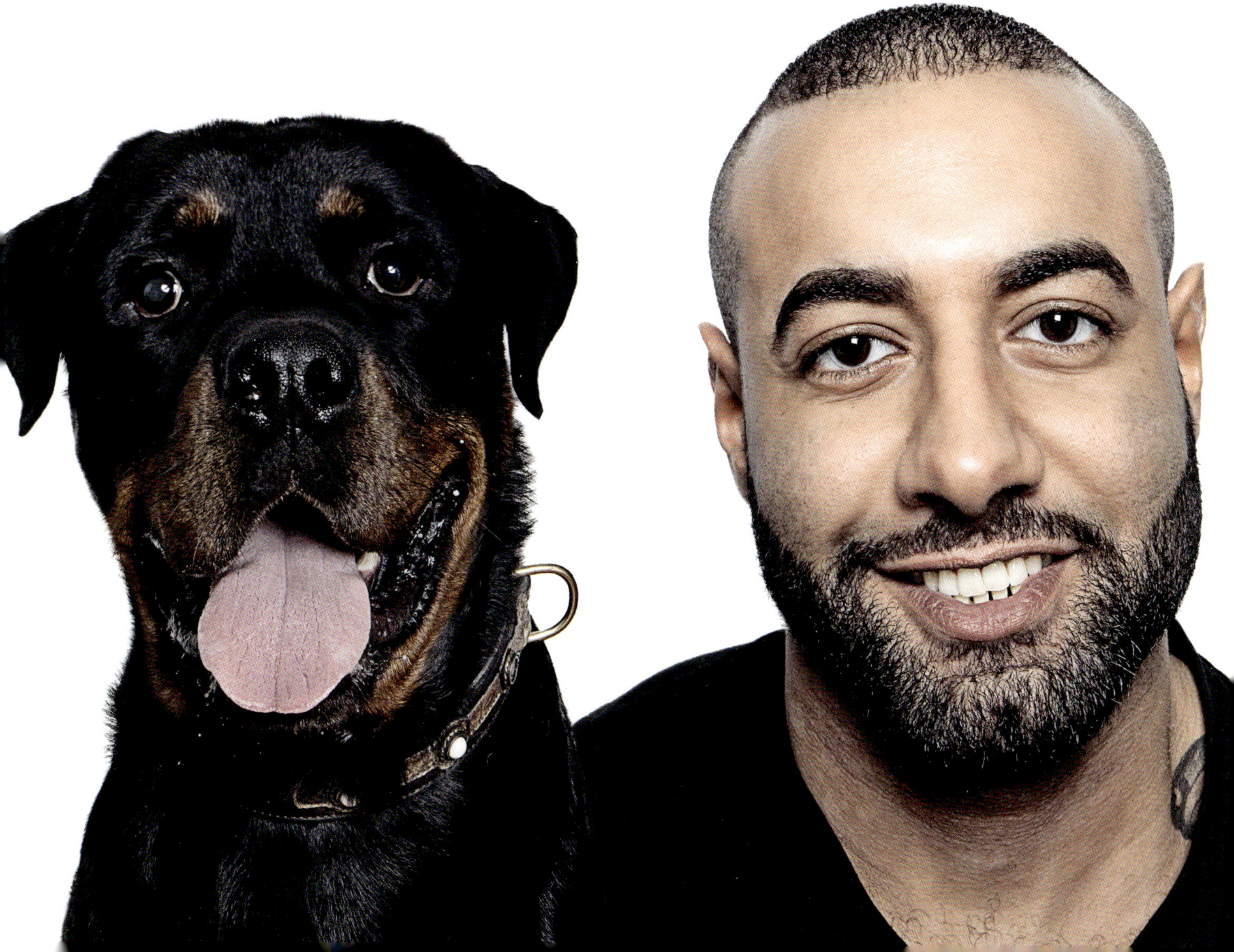

Tobias, 22 Jahre, Anlagenfahrer, mit seinem Labrador-Mischling Emma, 2 Jahre

Sie wurde zurückgegeben, weil sie geistig zu schwach für einen Kampfhund war. Anstatt aggressiv zu reagieren, ließ sie sich schlagen und treten, bis es vorbei war. Emmas Welpenzeit war alles andere als angenehm, aufgrund ihrer Vergangenheit hatte ich sehr viel Arbeit, um ihr Vertrauen zu erlangen. Am Ende verdanke ich es, glaube ich, meiner Unerfahrenheit, dass sich Emma völlig frei entfalten und zu einem trotz allem zutraulichen Hund werden konnte.

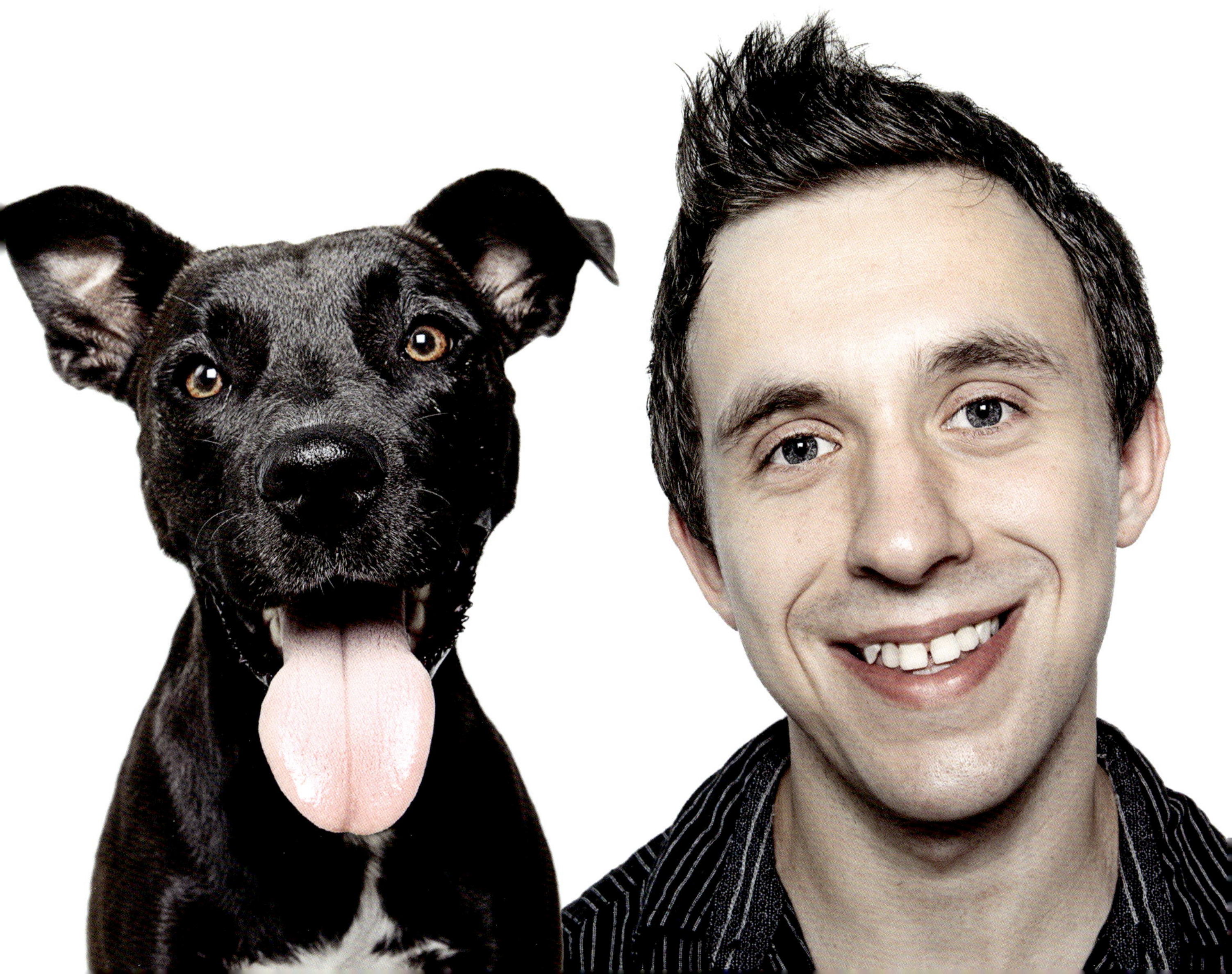

Jenny, 27 Jahre, Assistentin der Geschäftsleitung, mit Cody, ihrem Labrador-Magyar-Viszla-Mischling, 4 Jahre

Für andere hat er nur viel Arbeit bedeutet, deshalb wurde er abgegeben. Für mich ist Cody mein Ein und Alles und wie es ein schönes Zitat sagt: »Ein Leben ohne Hund ist ein Irrtum.« Treffender lässt es sich einfach nicht formulieren.

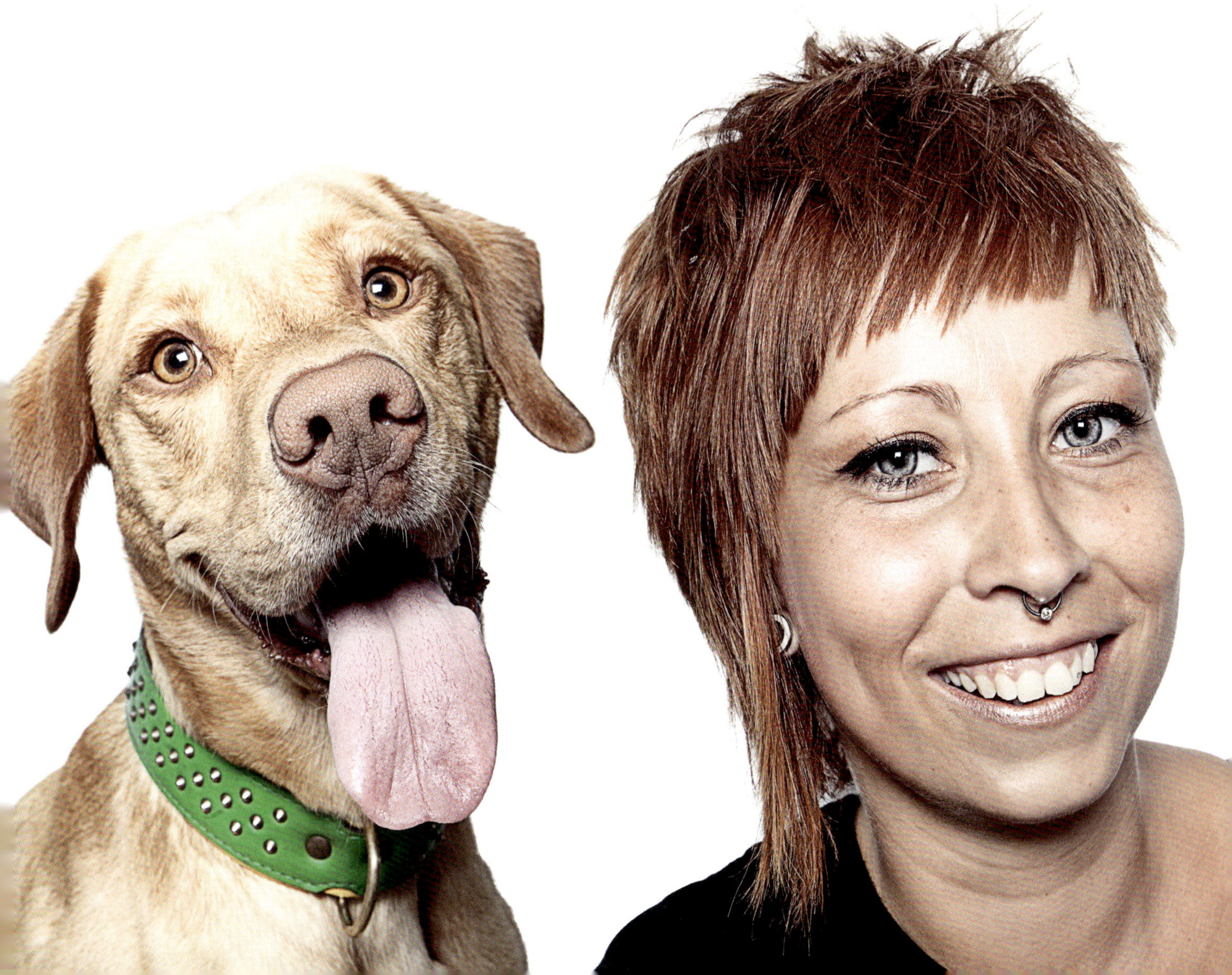

Nadine, 22 Jahre, Ergotherapeutin, mit ihrem Labrador Retriever Emma, 1 Jahr

Emma ist ein Trottelchen, sie fürchtet sich vor glatten Böden und rutscht auf ihnen herum, als wären es Eisschollen. Aus diesem Grund sind Teppiche ein essentieller Bestandteil für uns geworden, mit diesem Kompromiss können wir uns beide sehr gut arrangieren und ein rutschfreies Leben genießen!

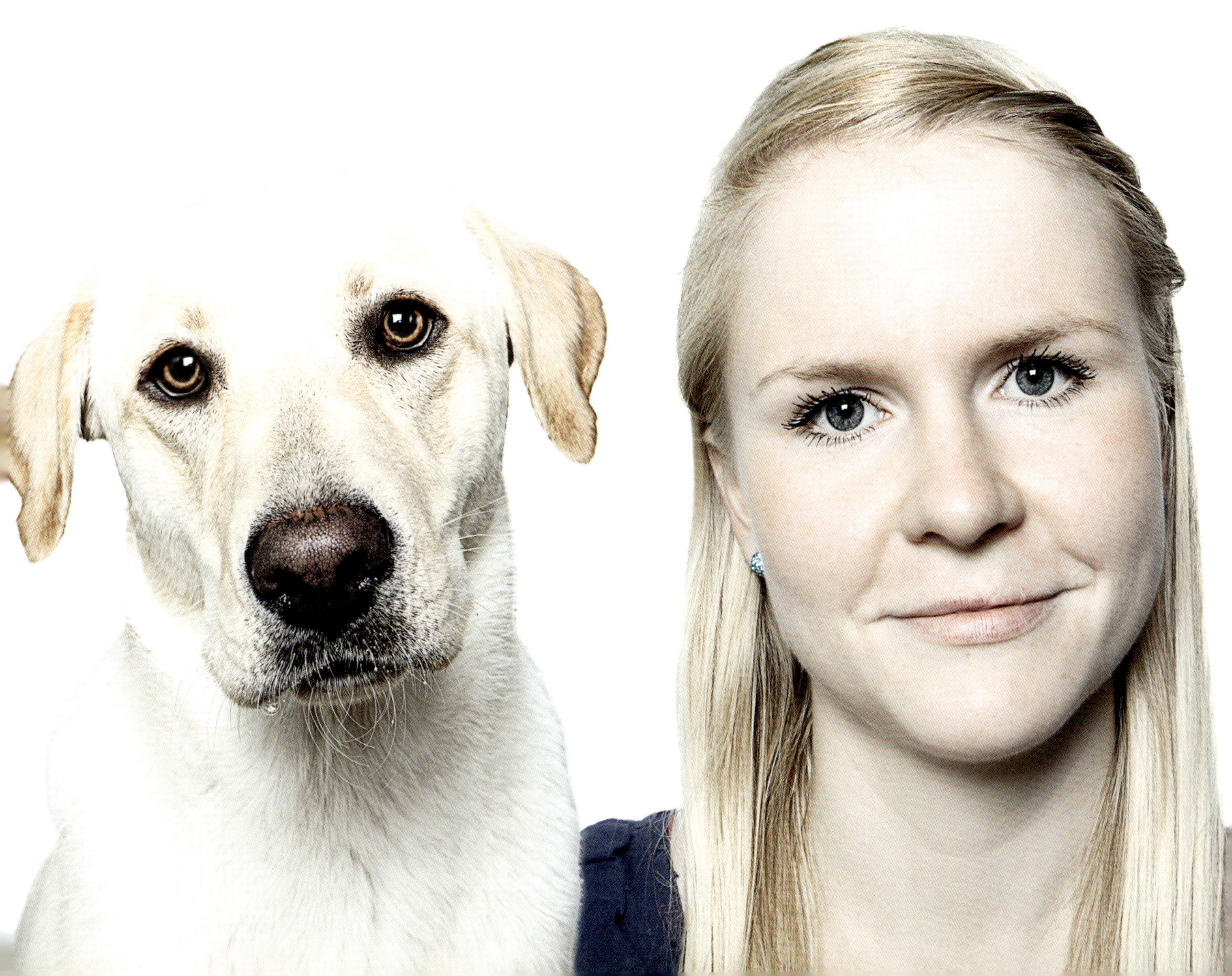

Marc, 23 Jahre, Tischler, mit seinem Weimaraner Finn, 3 Jahre

Finn ist wie ein großer Sack Flöhe. Er liebt alles und jeden und ist eine richtige Strahlebacke, das hat er sich wohl von mir abgeschaut. Ich möchte ihn nicht mehr an meiner Seite missen, das »F« in Finn steht für Freude und genau die versprüht er den ganzen Tag.

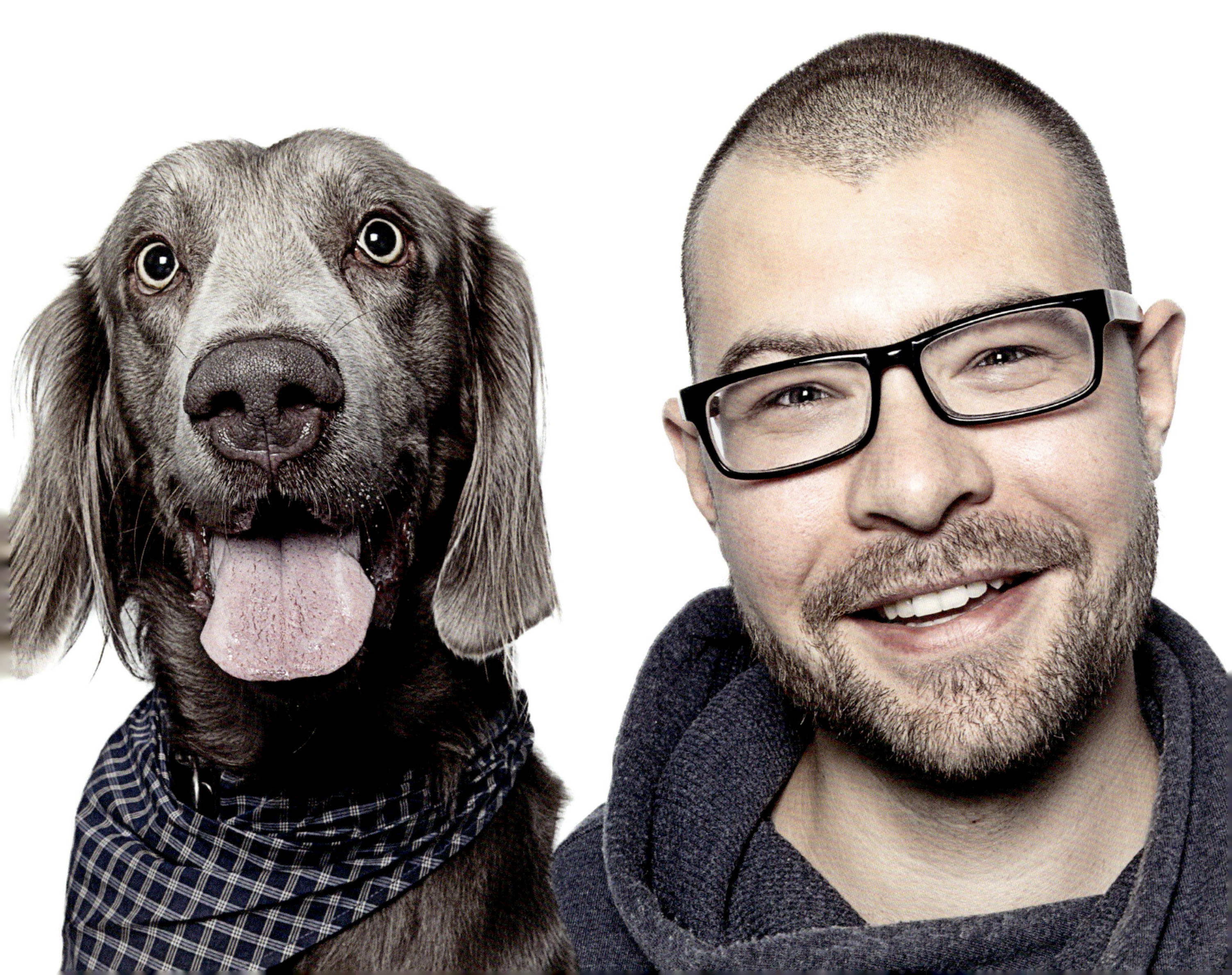

Juliane, 27 Jahre, Tiermedizinstudentin, mit ihrem Foxterrier Lupus, 1 Jahr

Die Kamera auf dem Regal versteckt, der Hund in der Wohnung, die Halterin im Hausflur auf der Treppe mit viel Geduld — wer, der schon einmal einen Welpen erzogen hat, kennt dieses oder ein ähnliches Szenario? Aber hey, es hat funktioniert, das Bellen und auch die bösen Briefe der Nachbarn verschwanden und zurück blieb ein wunderbar erzogener Hund, mit dem ich jeder Aktivität nachgehen kann, sei es Joggen, Radfahren oder Reiten, Lupus macht einfach alles mit.

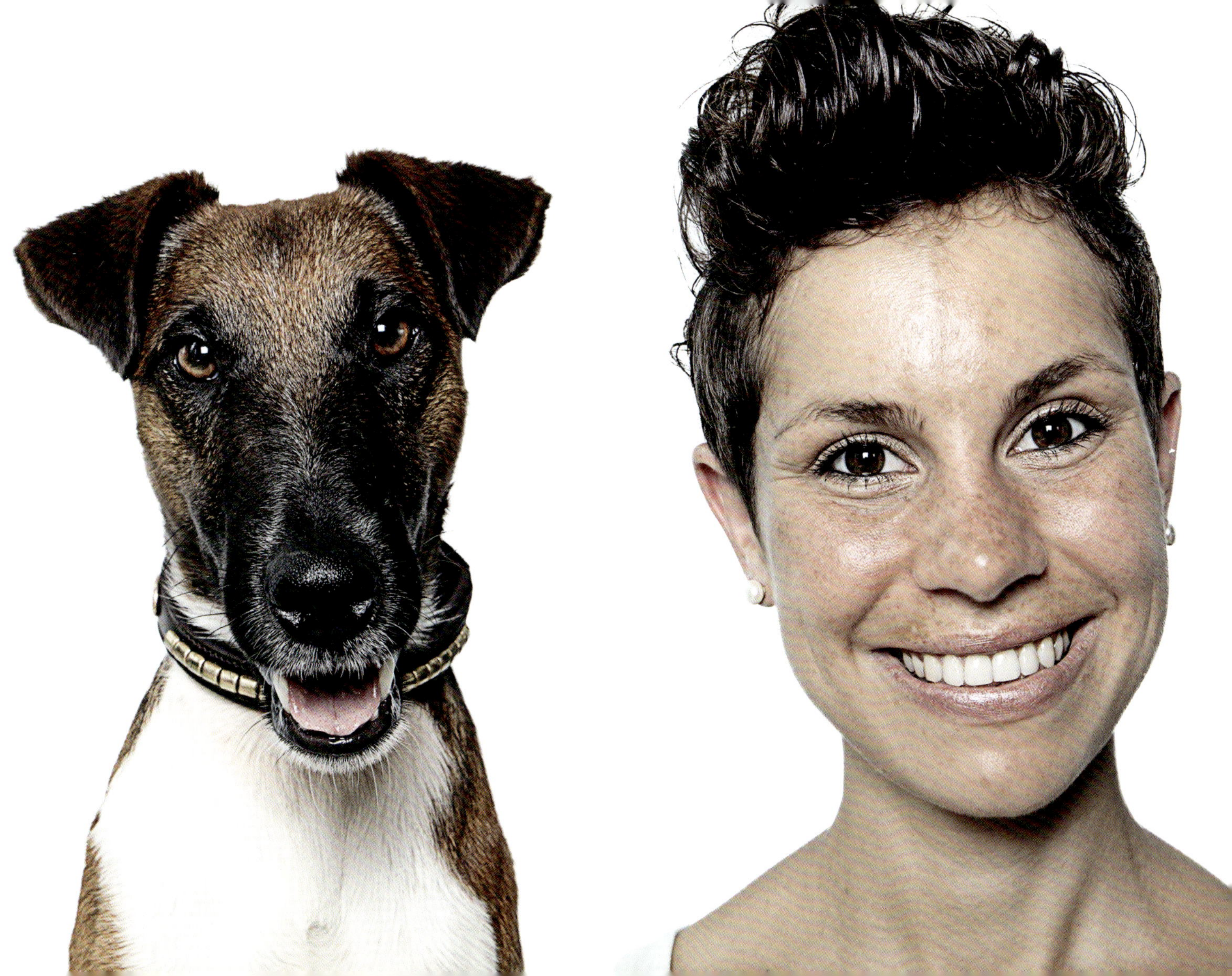

Steffen, 57 Jahre, Gestütsleiter, mit seinem Deutsch Kurzhaar Xena, 2 Jahre

Ich hatte schon immer eine sehr tiefe Beziehung zu meinen Hunden, die stets wesensstark und mir treu ergeben waren. Xena ist sehr neugierig und voller Energie. Es ist sehr erfrischend, mit ihr unterwegs zu sein und ihr die Abwechslung zu geben, die sie braucht. Familie ist mir und ihr gleichermaßen wichtig, also passt sie genau zu meiner Rasselbande daheim.

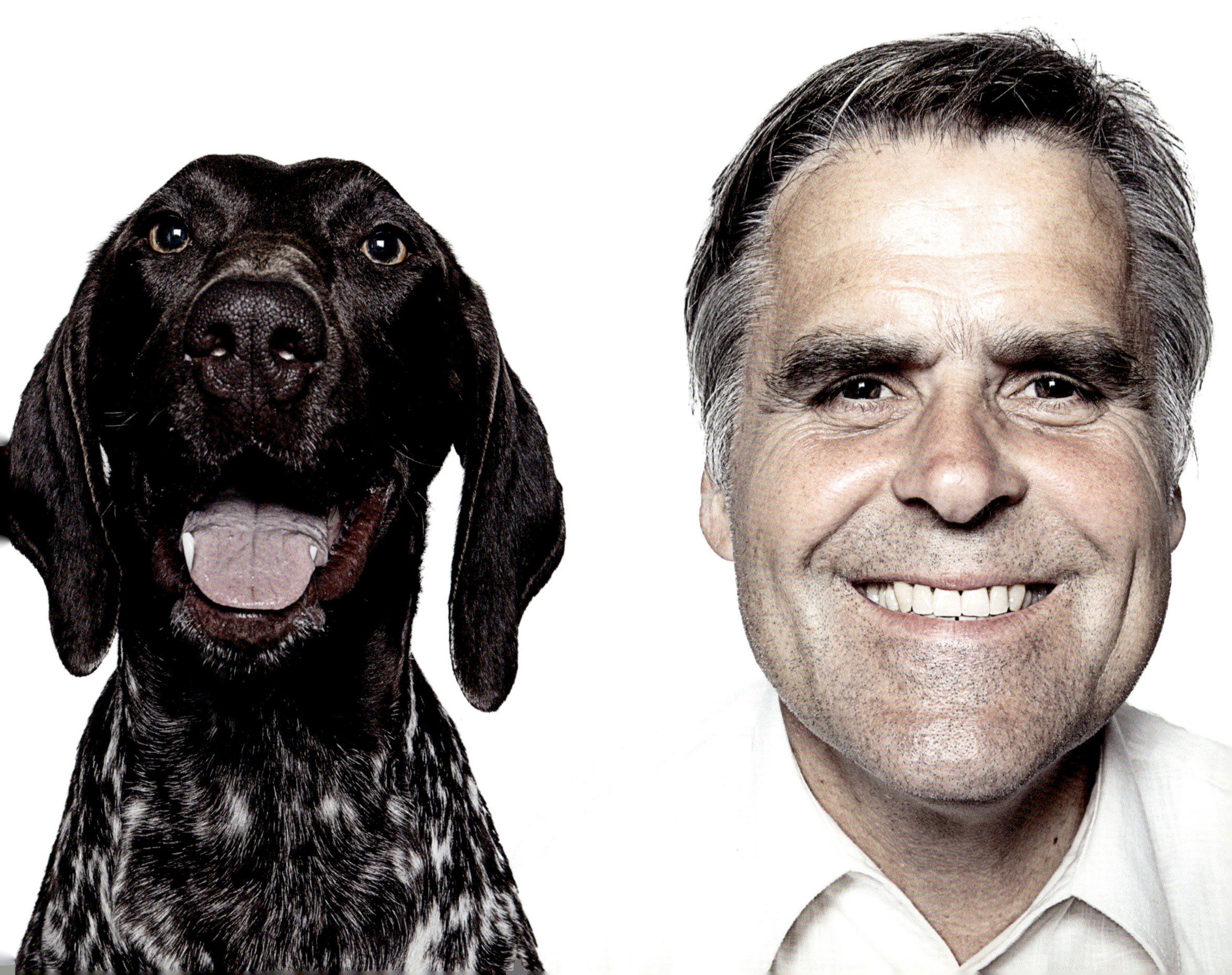

Maria, 23 Jahre, mit ihrem Beagle Sidney, 3 Jahre

Mein Flummi auf vier Beinen ist extrem neugierig und hat immer seinen Spaß daran, Grenzen bis zuletzt auszutesten. Sidney zieht Körbe aus Regalen, um zu schauen, was da so drin ist, oder quetscht sich durch die Öffnung eines zusammengerollten Teppichs, um zu prüfen, wo man auf der anderen Seite eigentlich herauskommt. Nach solch einem Tag des anstrengenden Entdeckertums lässt er es sich abends auch nicht nehmen, auf der Couch seine verdienten Streicheleinheiten entgegenzunehmen.

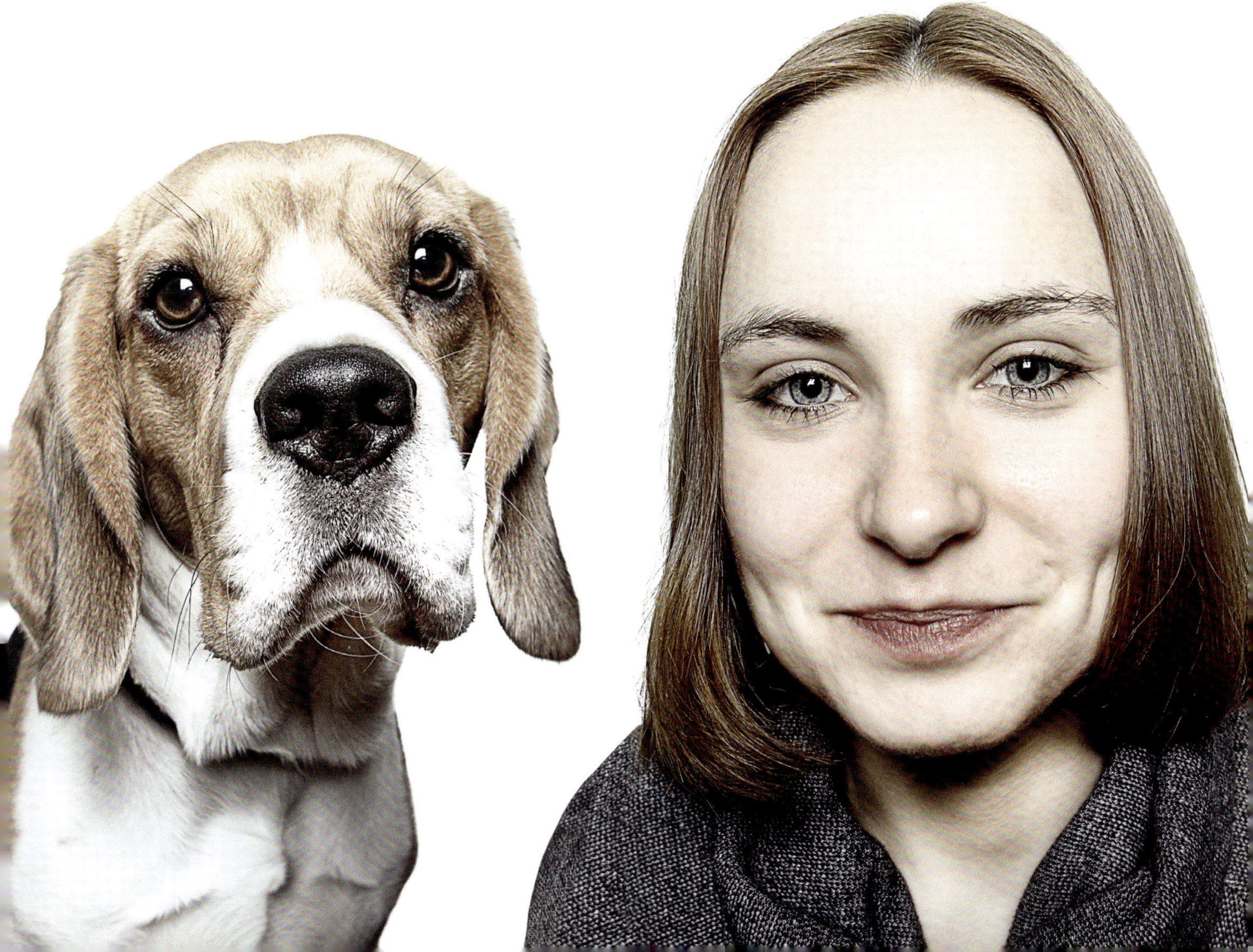

Mario, 33 Jahre, Musiker, mit seiner Französischen Bulldogge Sammy, 7 Jahre

Unser Schiefzahn hat viel durchgemacht, bevor wir ihn zu uns genommen haben. Und es ist jetzt für uns das schönste Gefühl zu sehen, wie er bei uns seinen zweiten Frühling erlebt. Trotz so mancher Gebrechen ist er ein glücklicher Hund – ein gewiefter Holzdieb, ein kleiner Staubsauger und ein absoluter Herzensbrecher.

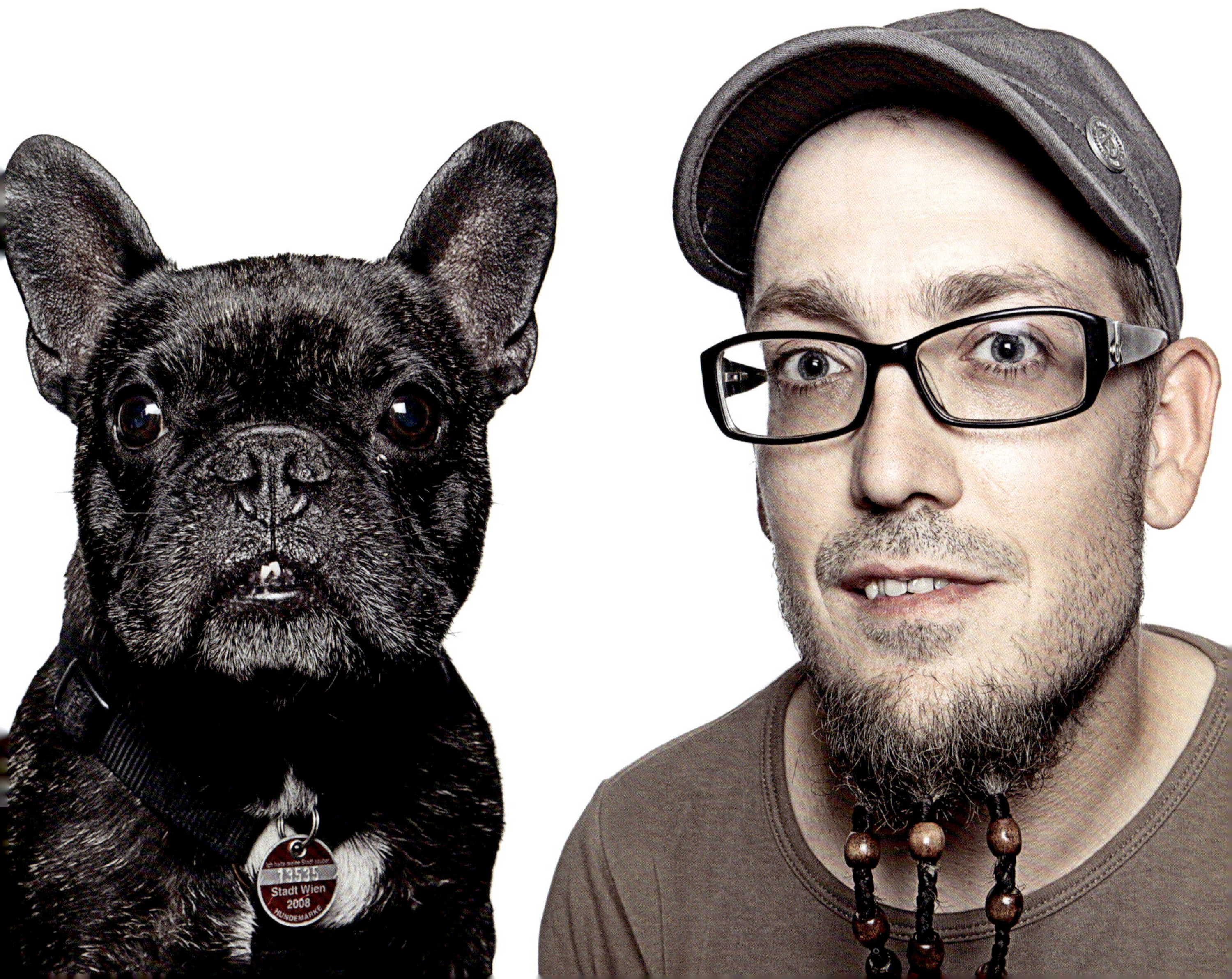
13535
Stadt Wien
2008
HUNDEMARKE

Maren, 36 Jahre, Geschäftsführerin von *R.s.v.p. Events & PR*, mit ihrem
Cocker Spaniel Lana, 10 Jahre

Lana ist eine kleine Schlafmütze, sie liegt gern in ihrem Sessel und beobachtet das Geschehen aus sicherer Entfernung. Mit unserem Kind ist sie ganz sanft, insgesamt ist sie ein sehr liebebedürftiger und liebevoller Hund, ohne den es bei uns sehr leer und der Küchenboden wohl nicht so sauber wäre.

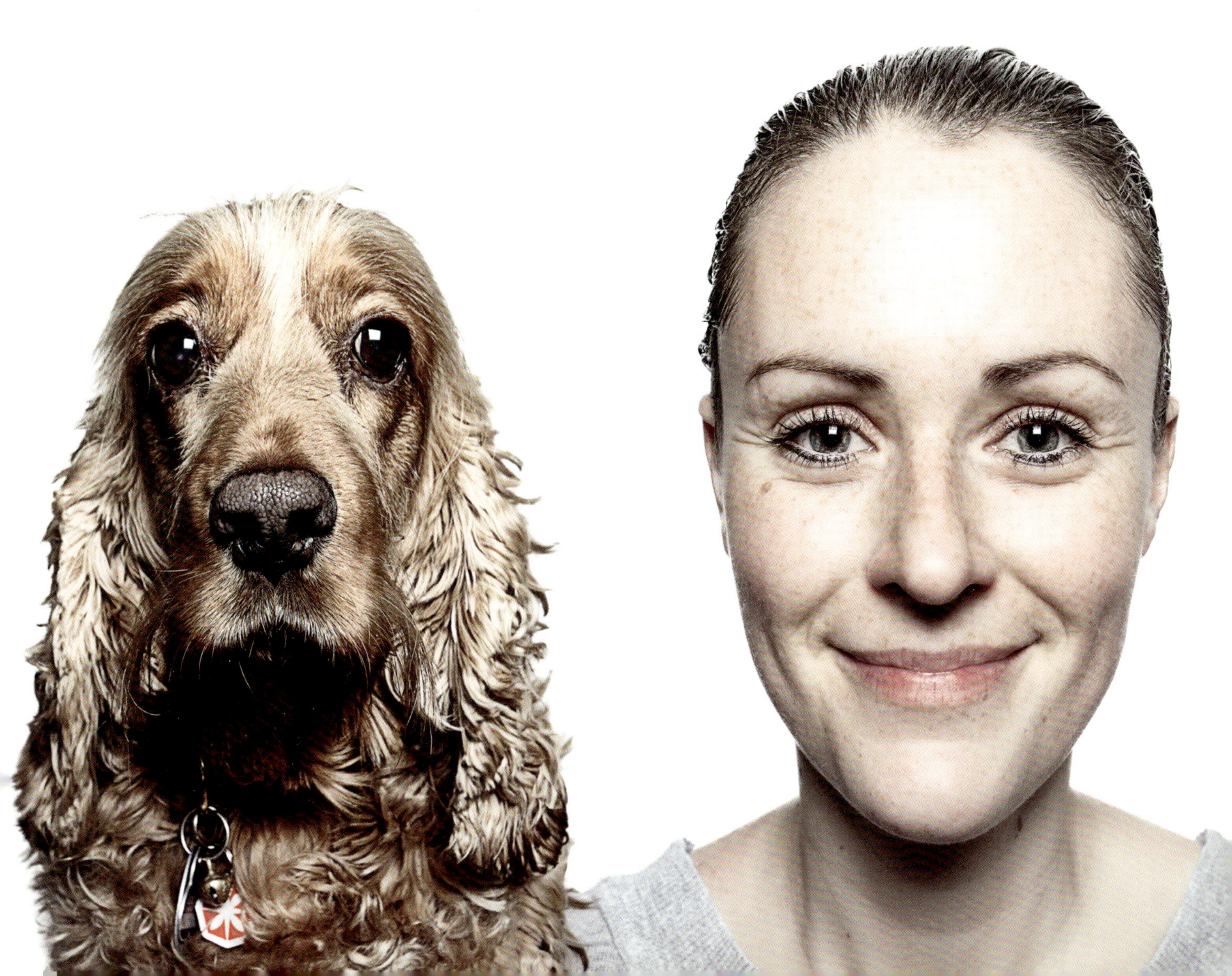

Heiko, 40 Jahre, Zimmermann, mit seiner Dobermann-Dame Mücke, 3 Jahre

Unsere kleine Alarmanlage, die leider auch dann bellt, wenn keine Gefahr im Verzug ist, ist für uns wie ein viertes Kind geworden. Mücke ist sehr sensibel und bleibt nicht gern allein, sie braucht Trubel um sich herum und ist dadurch ein echter kleinkind-stressresistenter Familienhund.

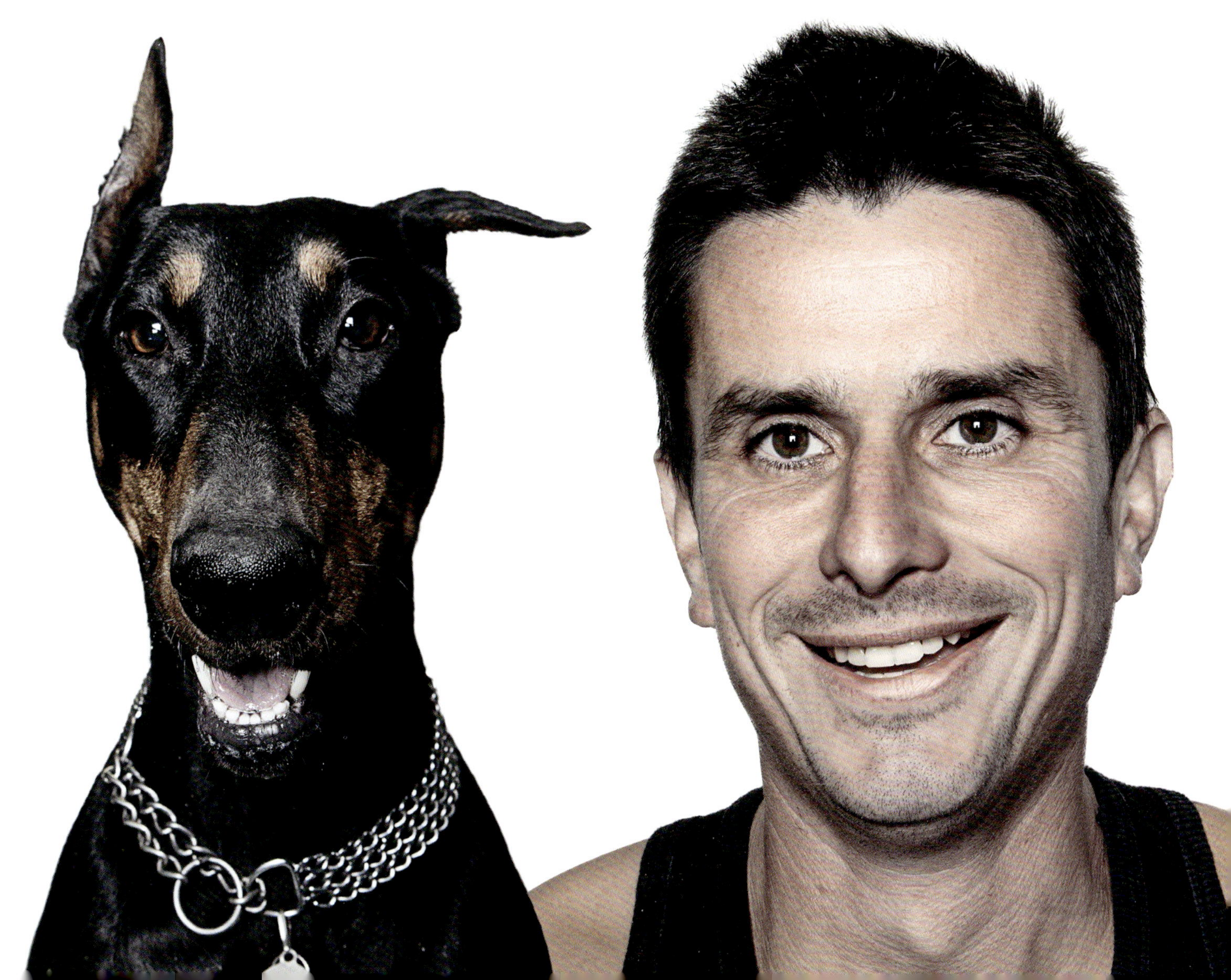

Patricia, 31 Jahre, Polizistin, mit Mira, ihrem Weimaraner-Ridgeback-Mischling, 2 Jahre

Mein »Wolf im Schafspelz« ist anfangs zurückhaltend, nach einer kurzen Beobachtungs- und Erkundungsphase jedoch frech und verspielt. Wenn ihre wilde Seite zum Vorschein kommt, bringt sie mich jeden Tag aufs Neue zum Lachen. Wir genießen aber auch die stillen Momente, in denen sie das Kuschelkind hervorkehrt und sich nicht mehr rühren kann und will.

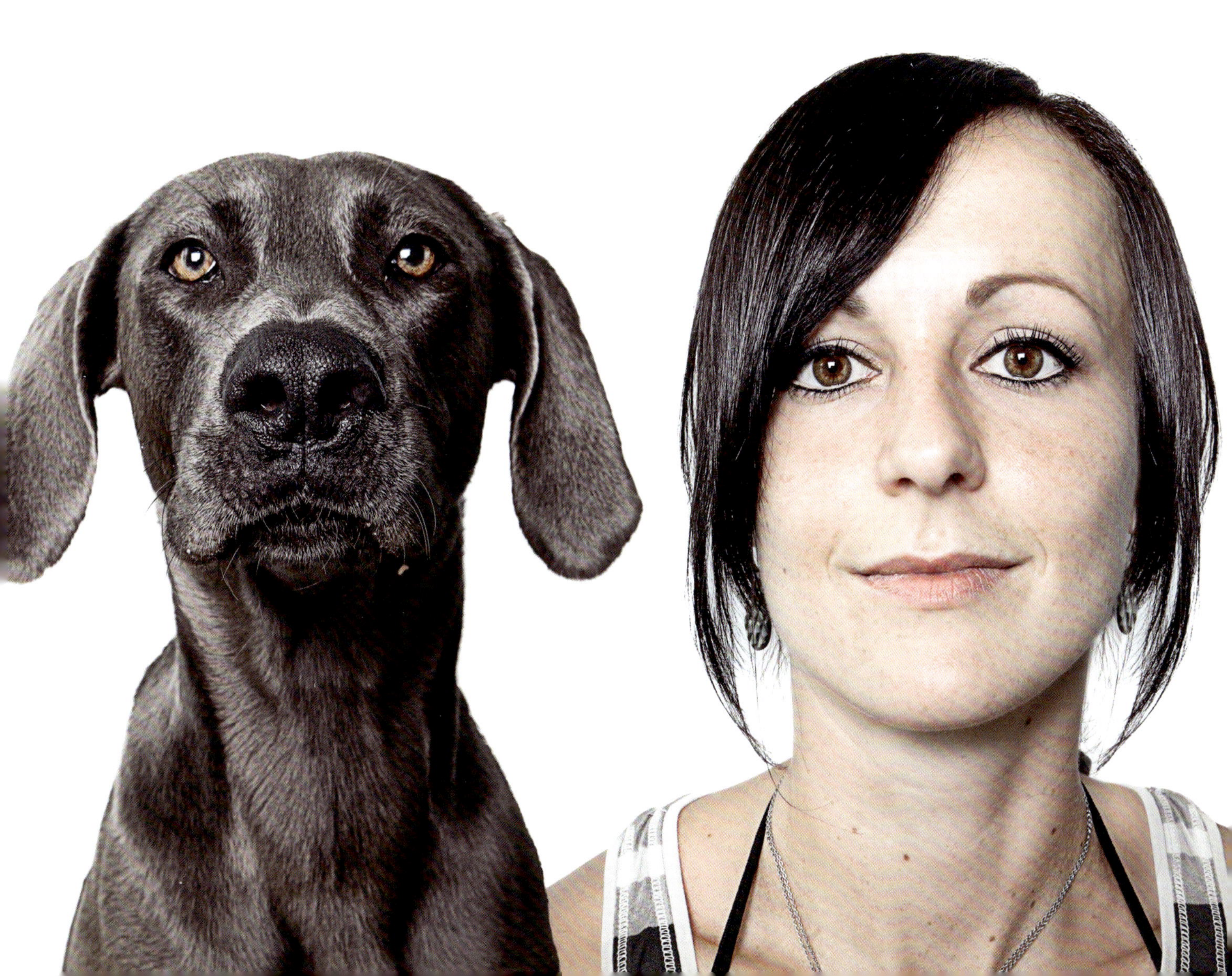

Tilo, 43 Jahre, Außendienstmitarbeiter, mit Lotte, seinem Jack Russell Terrier, 2 Jahre

Jack Russell Terrier sind Hunde, die es mir schon immer angetan haben — quirlig, agil, einfach eine lustige Rasse. Lotte ist all dies und zudem ein richtiges Zirkuskind. Sie lernt Kunststücke im Handumdrehen und erfreut uns damit immer wieder, wir sind ihr bestes Publikum.

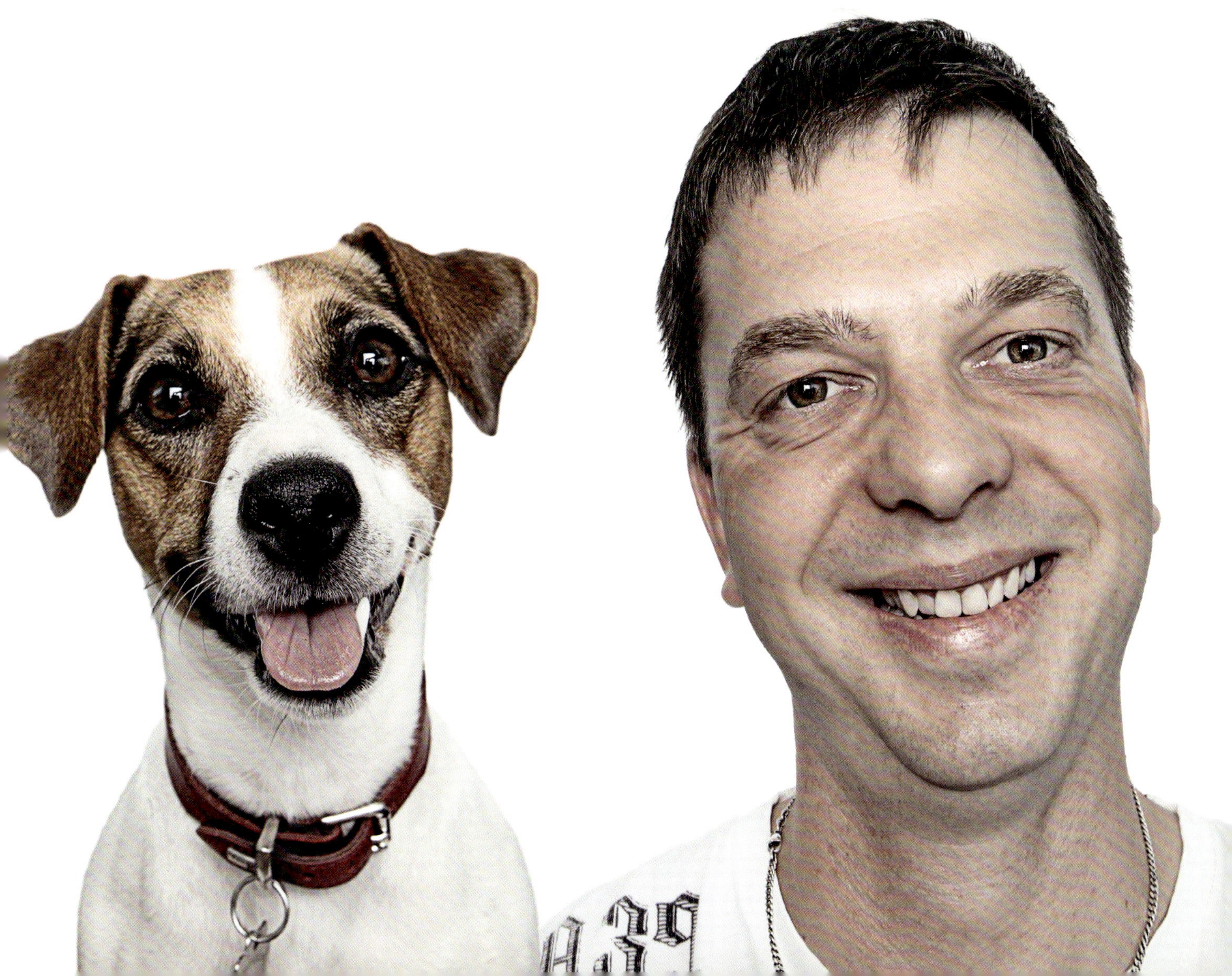

Eva, 27 Jahre, Eventmanagerin, mit ihrem Siberian Husky Luca, 4 Jahre

Luca ist eigentlich ein Sonnenschein, aber er hat auch seinen eigenen Kopf und möchte den möglichst oft und lautstark durchsetzen. Er liebt Katzen so wie ALF und schläft auch gern mal länger als ich. Ich liebe unser Zusammensein, er erheitert meinen Tag mit seiner lustigen Art und bringt Leben ins Haus.

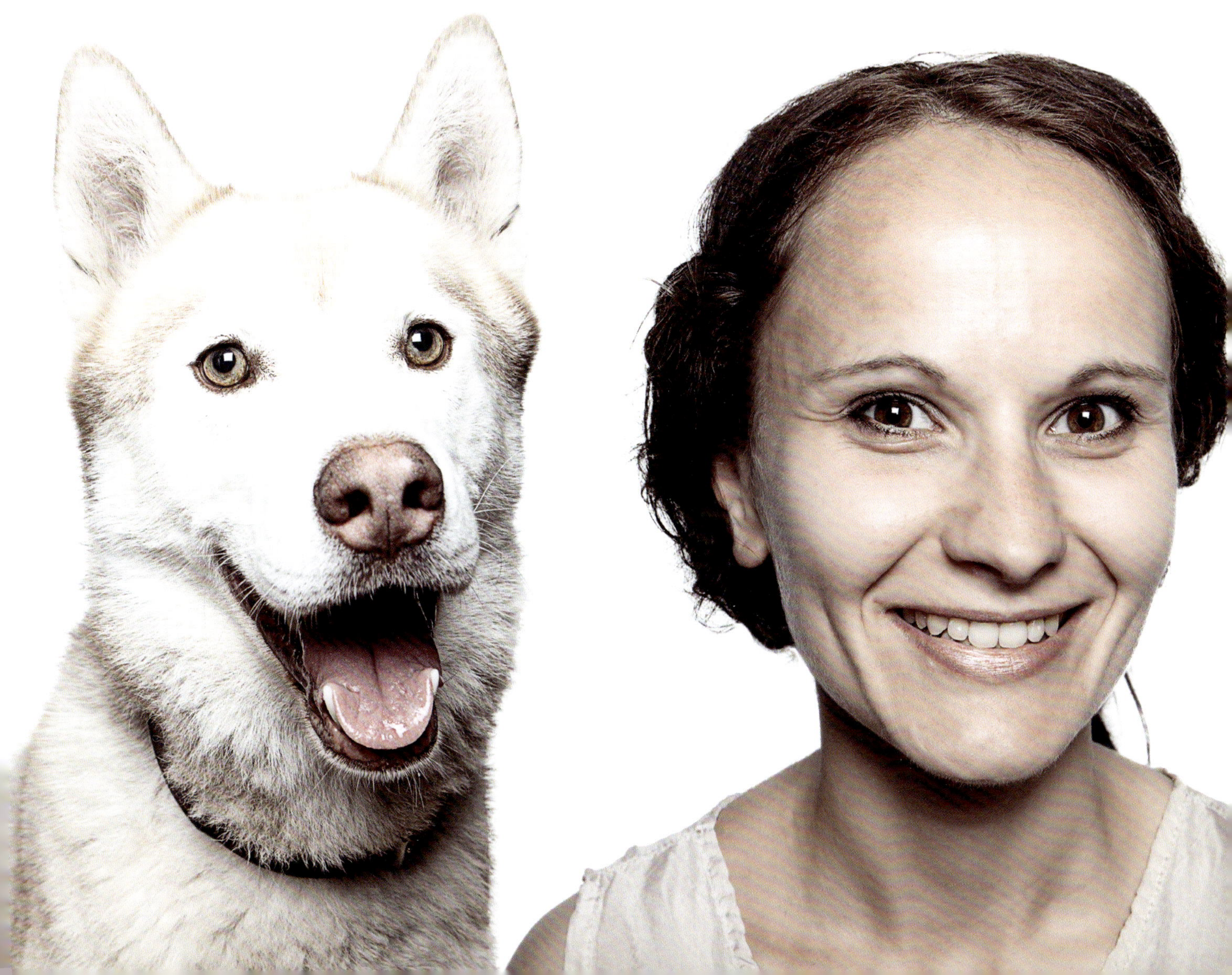

Tatjana, 39 Jahre, Kommunikationswissenschaftlerin, mit ihrem Mischling
Salvatore, 2 Jahre

Auf einer Italienreise mit meiner Vespa sah ich Salvatore am Straßenrand sitzen und nach einigem Hin und Her beschloss ich, ihn mitzunehmen. Er ist ein ruhiger und etwas melancholischer Schatz, der durch seine Erlebnisse stark auf mich fixiert ist. Mittlerweile ist er ein begeisterter Vespafahrer geworden und außerdem ein wunderbarer Begleiter auf Reisen wie auch im Leben.

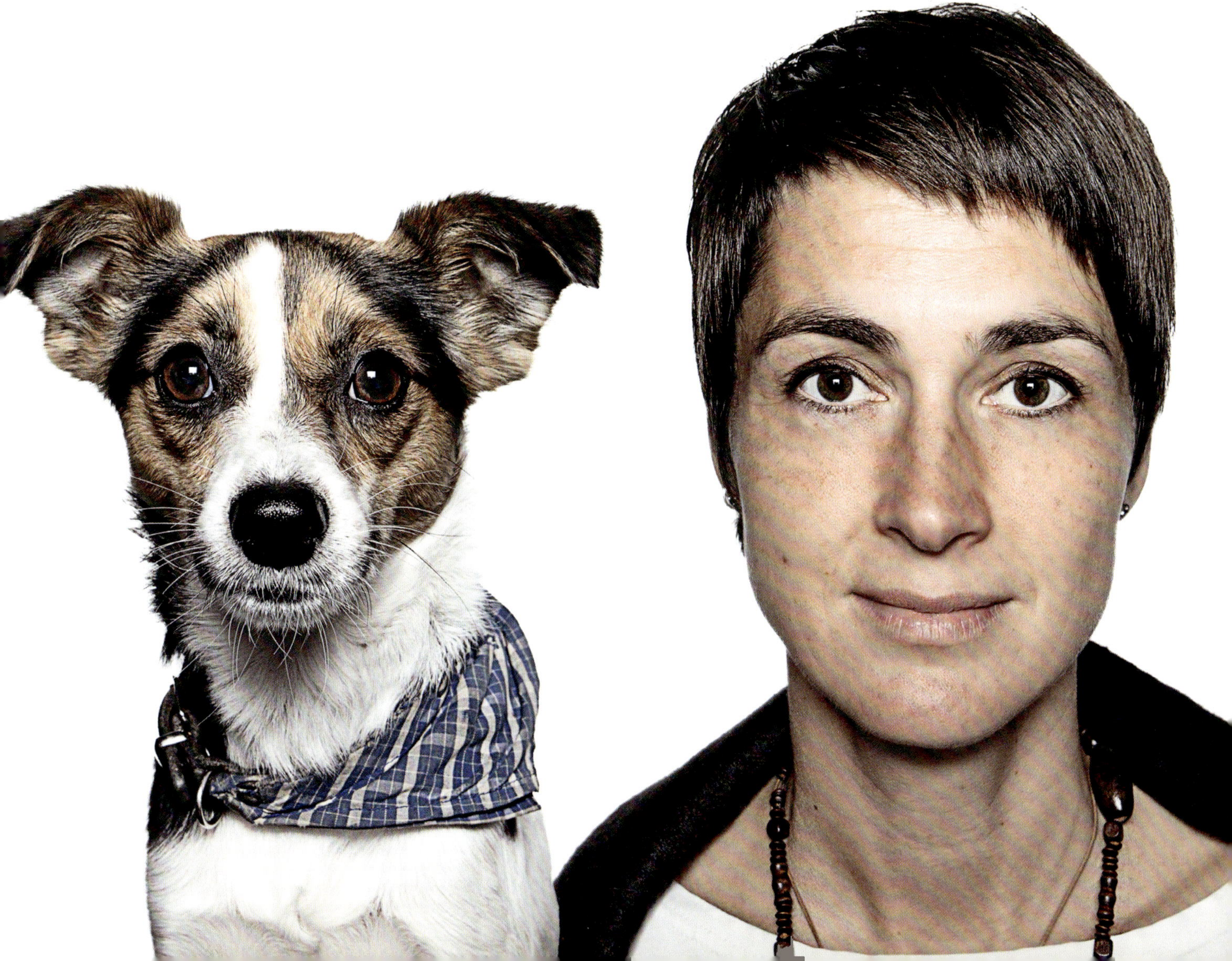

Robert, 50 Jahre, Flughafenangestellter, mit seinem Mischling Osito, 4 Jahre

Für meinen Hund war es fünf vor zwölf, als ich ihn aus einer Tötungsstation holte. Ich glaube, Osito wusste um seine Lage, denn seither ist er vermutlich der glücklichste Hund, den ich je gesehen habe. Er besitzt so eine unglaubliche Lebensfreude, hat soviel Spaß an allem, was er tut, und küsst jeden, den er trifft und der das zulässt. Osito liebt rundherum das Leben und er genießt es umso mehr, weil er es leben darf.

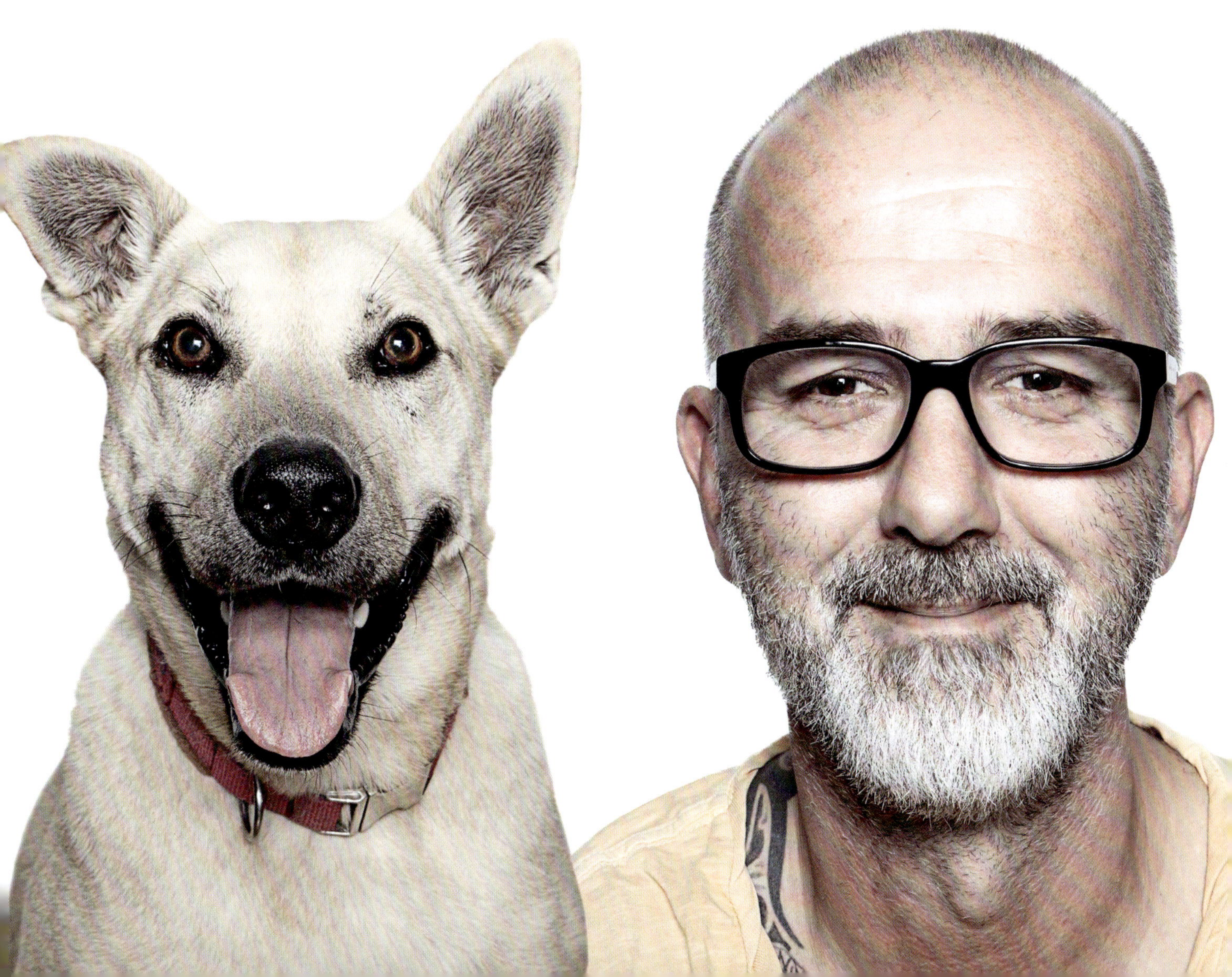

Melanie, 24 Jahre, Tiermedizinstudentin, mit Polly, ihrem Jack Russell Terrier, 3 Jahre

»Und dann kam Polly« – getreu diesem Filmtitel hat Polly mein Leben und das meiner Familie bereichert. Sie ist 'ne echte Kraft, ein starker Charakter, der auch gern mal einen armen Radfahrer jagt. Aber wer könnte ihr da schon böse sein?

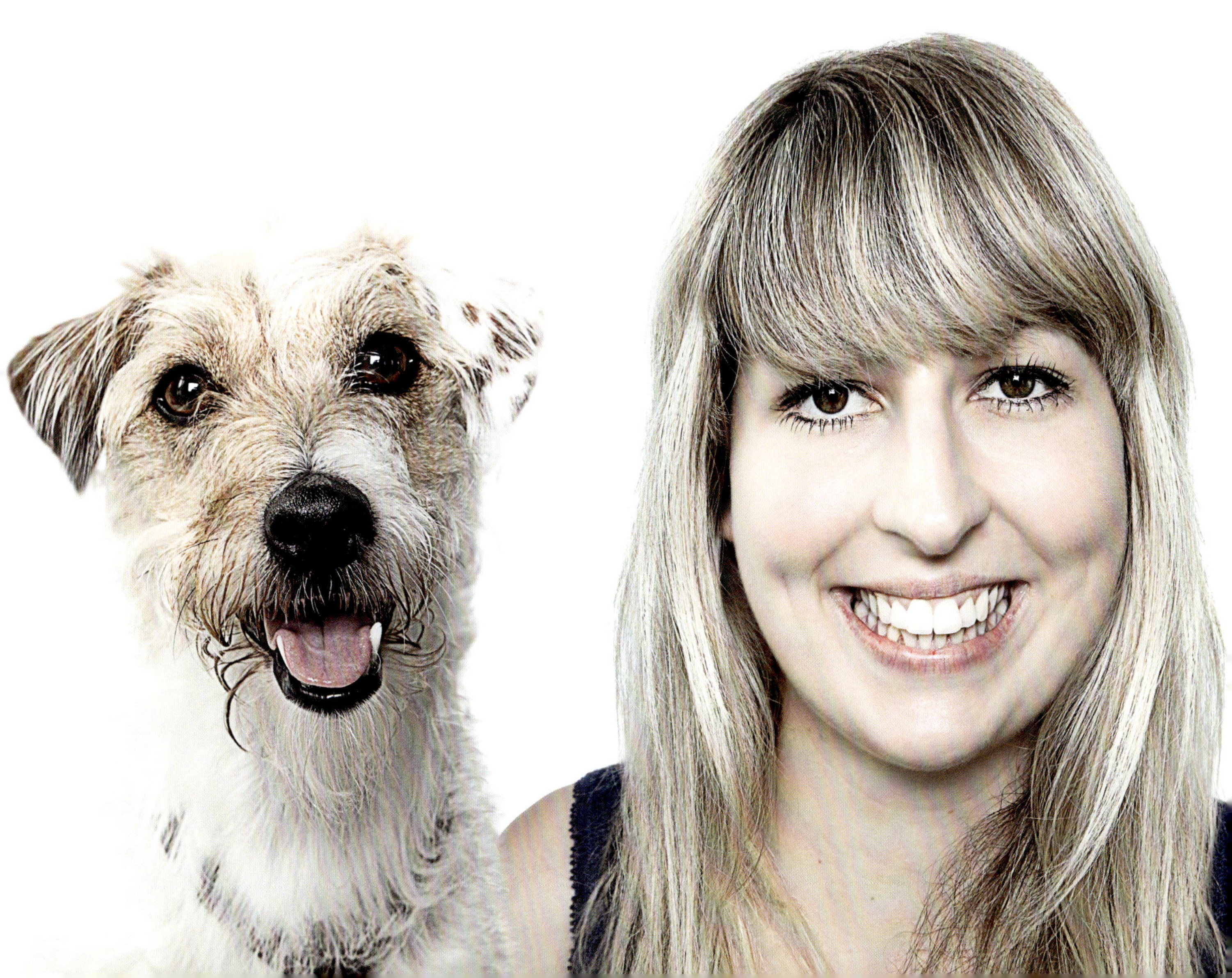

Haiko, 27 Jahre, Microsofttrainer, mit seinem Mischling Odin, 3 Jahre

*Odin ist ein offener Wirbelwind und der Dirigent seines eigenen Orchesters —
die Bandbreite seiner Töne und Geräusche ist enorm, wodurch er sich jeder
Situation entsprechend mitteilen kann. Ohne ihn wäre unser Leben richtig still.
Wir bereuen es niemals, ihn aus dem Tierheim geholt zu haben!*

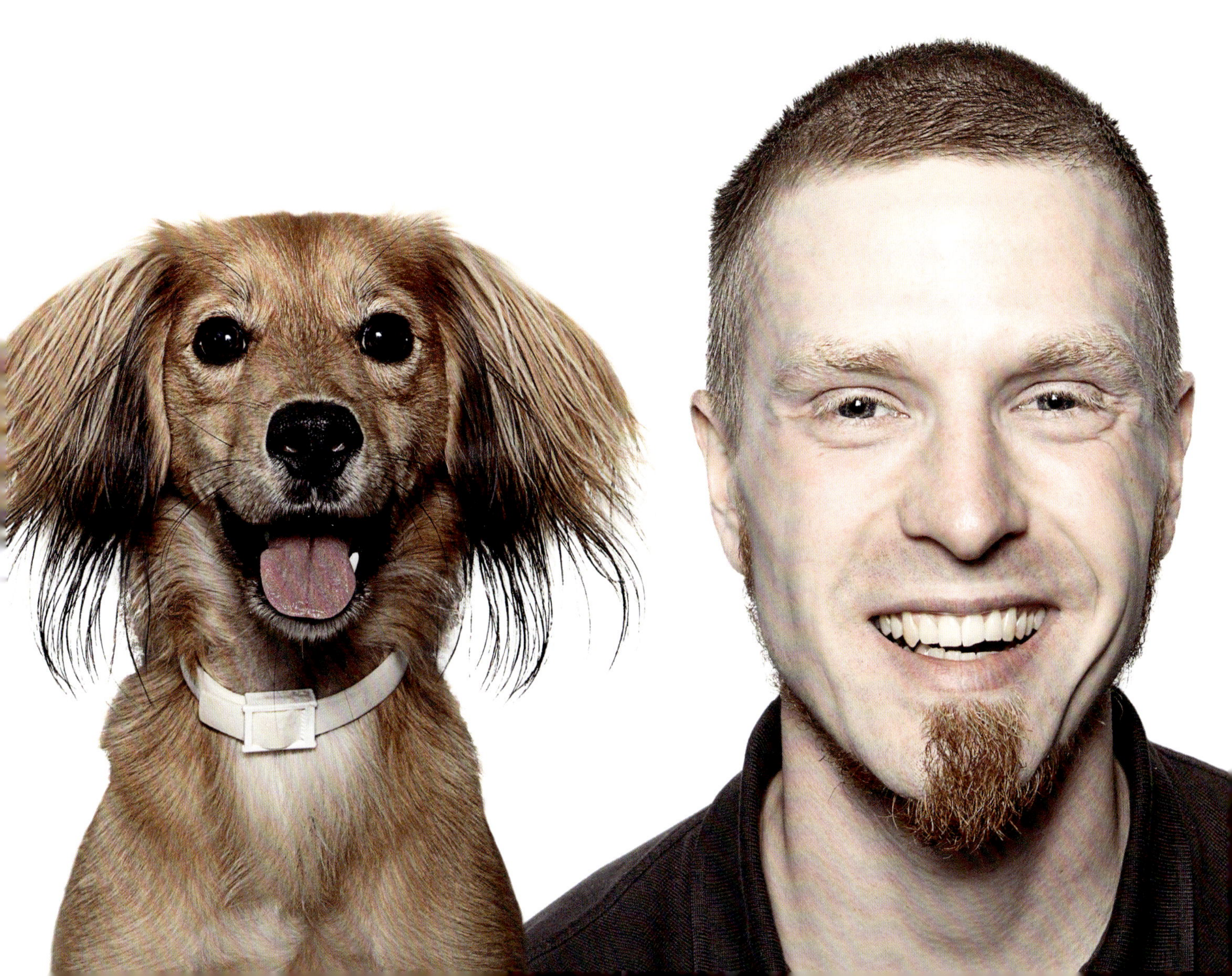

Nina, 32 Jahre, Eventmanagerin, mit ihrer Irish Terrier-Dame Smilla, 1 Jahr

Fremdsprachenbegabt und auch sonst ein überaus kluges Mädchen: Smilla spricht fließend finnisch und lernt ihre Kommandos in Windeseile. Sie ist gerade in der Pubertät und verändert sich noch ständig. Ich lerne weiterhin vieles neu an ihr kennen und genieße unsere täglichen gemeinsamen Spaziergänge, durch die mir als Stadtkind die Natur viel näher ist als früher.

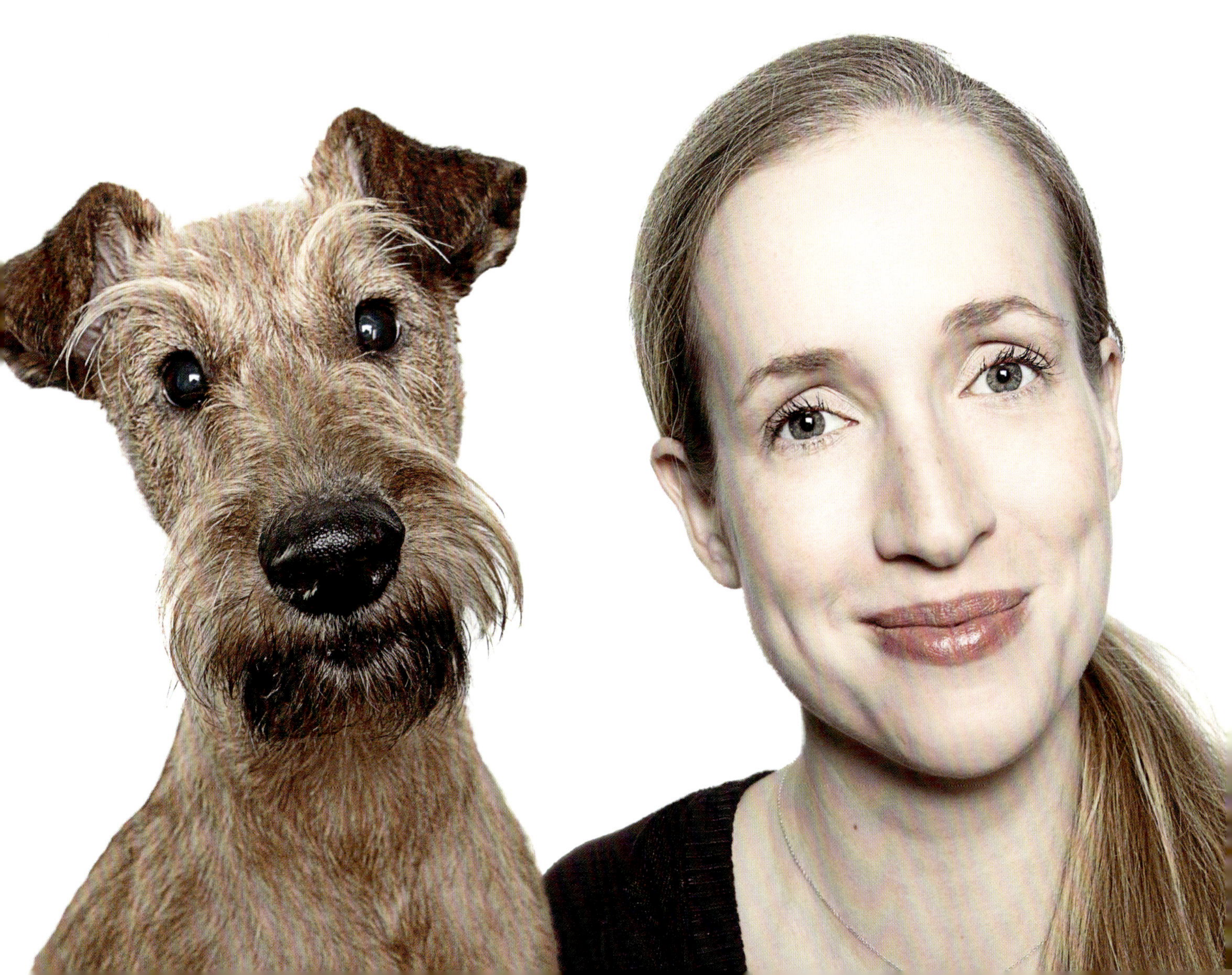

Ondrej, 21 Jahre, Metallbautechniker, mit seiner Amerikanischen Collie-Dame Pixie, 8 Monate

Mein kleiner Rebell ist sehr zielstrebig und besorgt sich die Dinge, die sie haben will, ohne groß zu fragen. Sie liebt es, Gegenstände herumzutragen, egal ob das ihr Spielzeug oder mein Geldbeutel ist. Andererseits finde ich es sehr praktisch, so einen apportierfreudigen Hund zu haben. Wenn man das einmal erkannt hat, kann man sich alles von ihm bringen lassen — Fernbedienungen, Socken, Stifte und alles, was man so braucht.

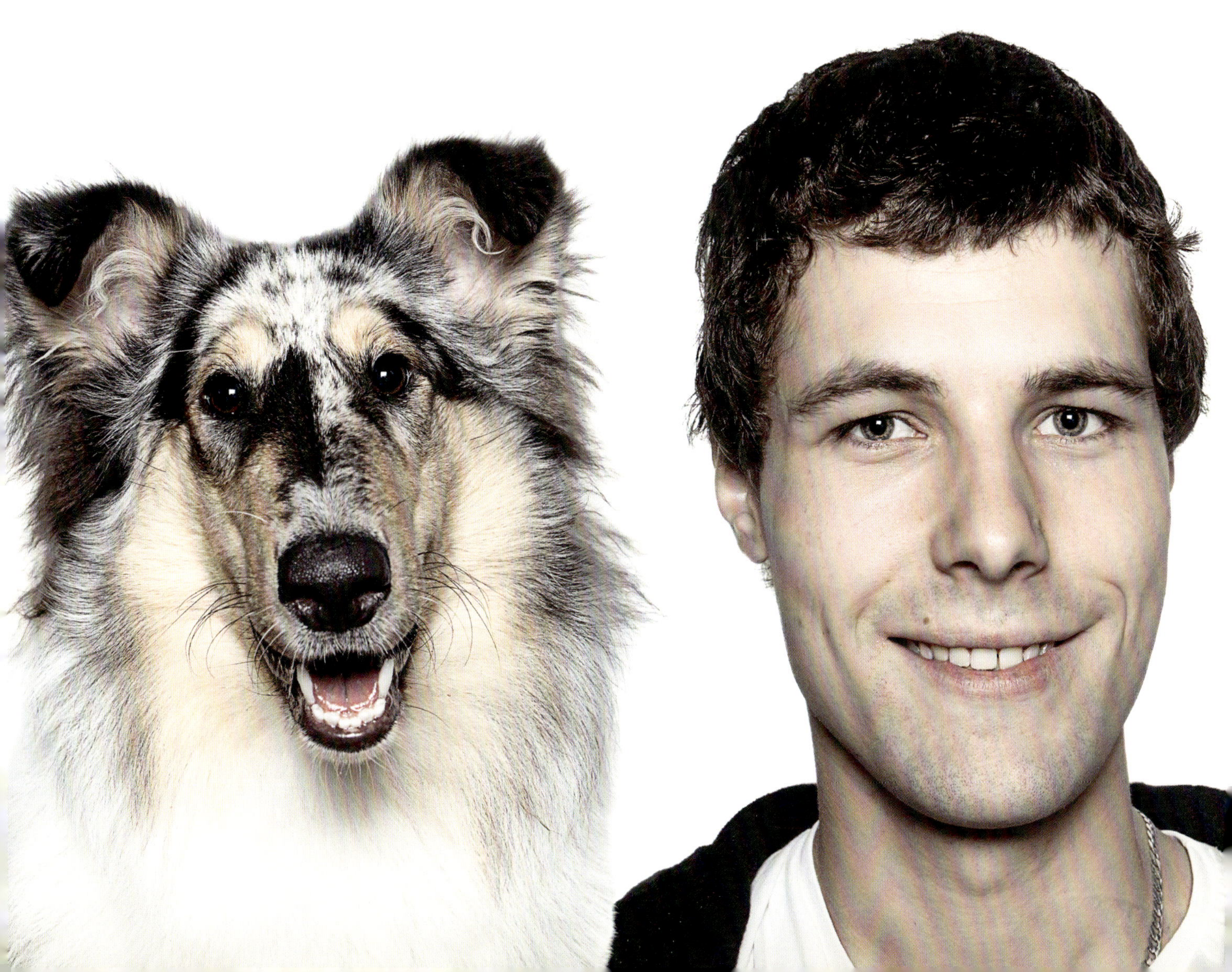

Melanie, 28 Jahre, Grafikerin, mit ihrer Malteser-Hündin Mim, 2 Jahre

Mim war ihrem Züchter offenbar zu hässlich und er wollte sie deshalb loswerden. Also habe ich sie aus ihren Lockenwicklern befreit und mit zu mir genommen. Ich wollte eigentlich nie einen Handtaschenhund haben, aber Mim hat mich eines Besseren belehrt: Egal wie lang die Bergwanderung oder wie extrem die Unternehmung ist, sie liebt es, gefordert zu werden. Denn Langeweile mag sie überhaupt nicht!

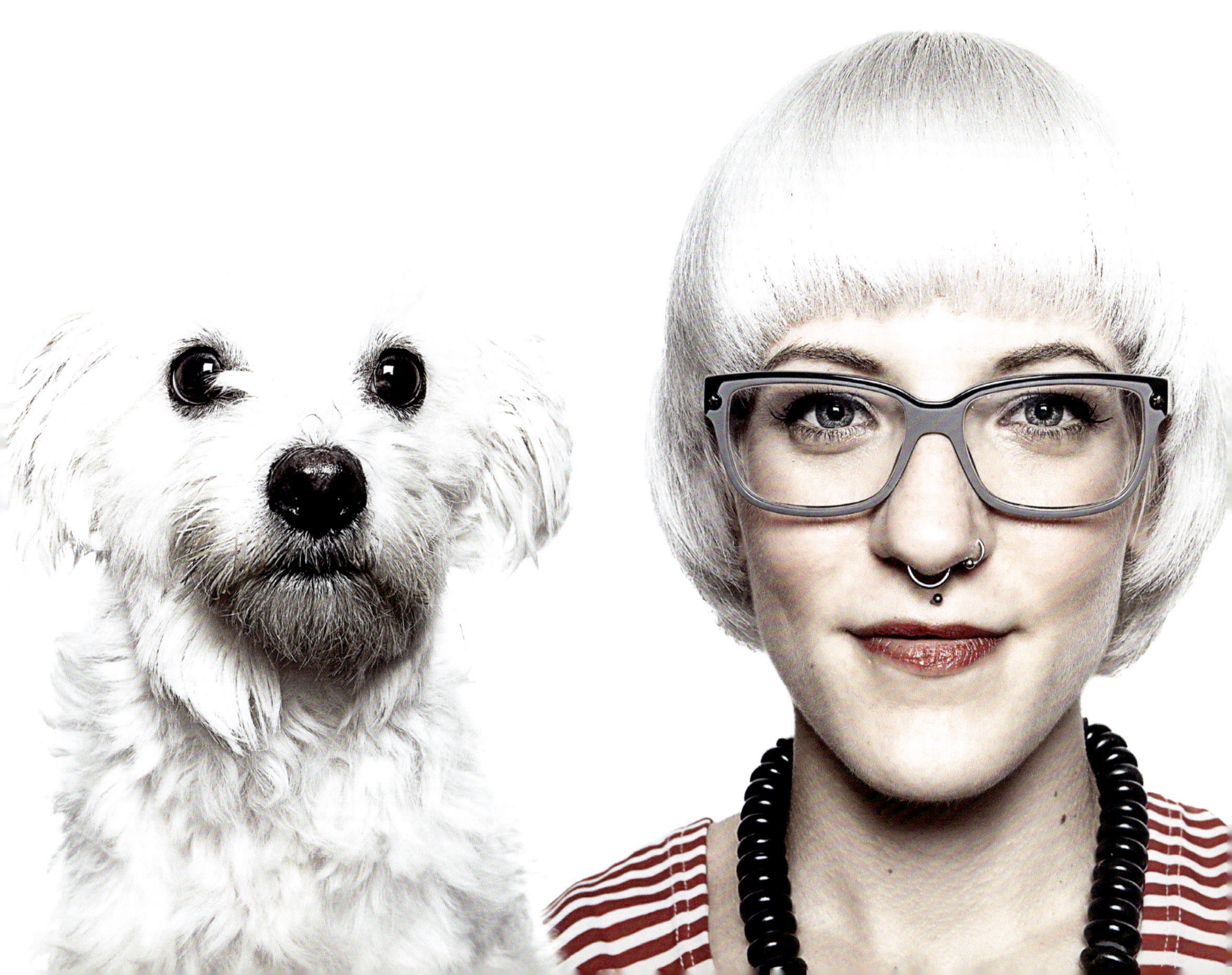

Marius, 26 Jahre, Rettungsassistent, mit seinem Labrador-Mischling Yoda, 9 Monate

Yoda war Liebe auf den ersten Blick. Er ist eine wahre Granate, immer aktiv und supersozial. Ein Hund war immer schon mein Traum! Und dass er aus dem Tierheim sein sollte, war für mich auch von vornherein klar. Alles in allem ist und bleibt Yoda definitiv eine meiner besten Entscheidungen!

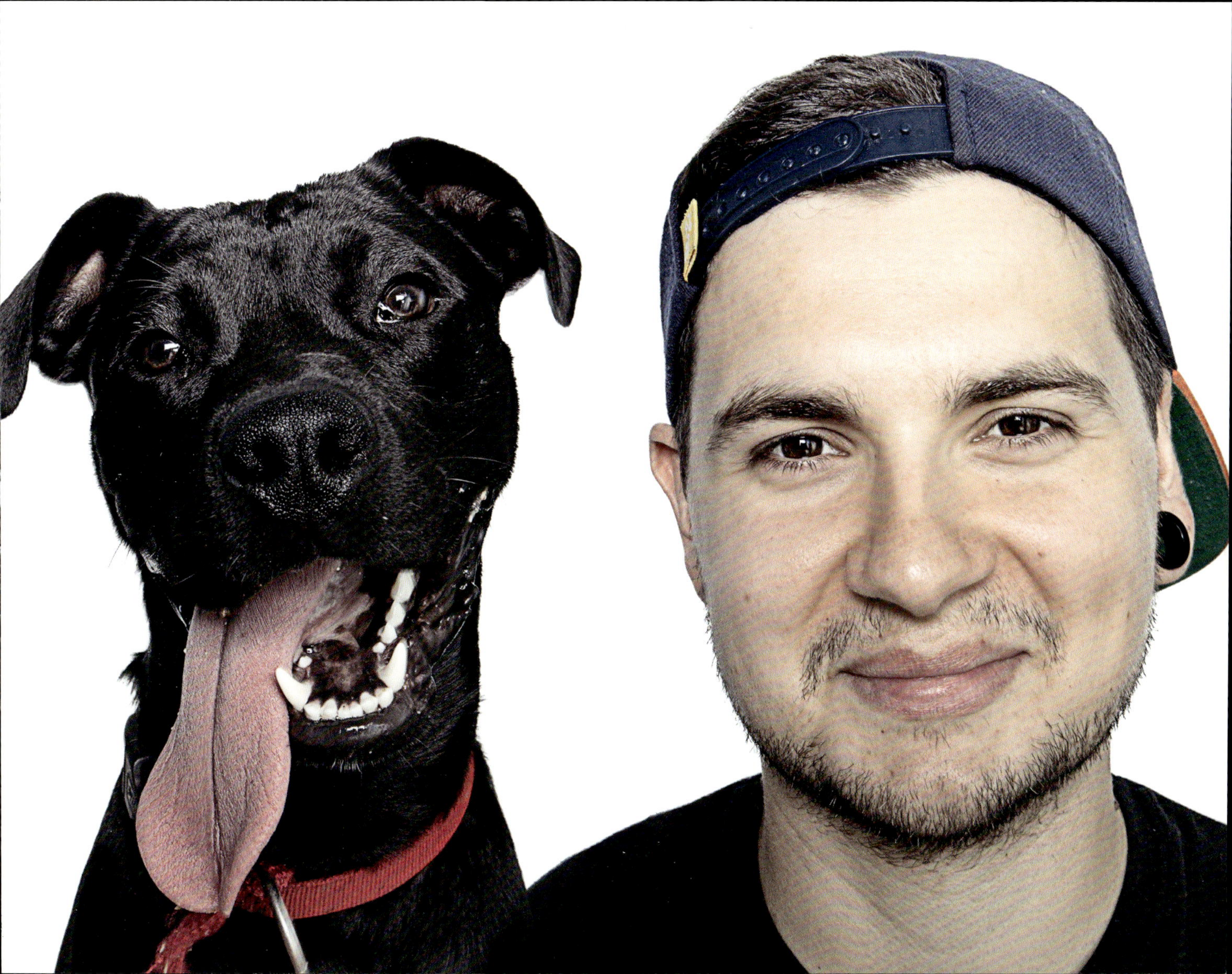

Nachwort

Hunde sind gut für Menschen. Sind Menschen auch gut für Hunde? Wer die faszinierend wahrhaftigen Fotos von Christoph Schwabe gesehen hat, wer Zeuge wurde, wie nahe sich Mensch und Hund sein können, nicht nur in ihrem Wesen, auch von Angesicht zu Angesicht, der hat auch gesehen, was keine Kamera bisher so erblickte: Die Aufnahmen sind zu Bildern geronnene Liebe zwischen Mensch und Kreatur, zwischen Kreatur und Mensch, verschmolzen zu Bild und Gegenbild. Ihre Botschaft geht uns alle an: Hunde sind gut für uns Menschen! Aber damit auch die Frage: Sind wir Menschen auch gut für Hunde? Folgen wir der Wissenschaft, sind Tiere, also auch Hunde, unsere nächsten Verwandten. Sie empfinden wie wir, sie freuen sich wie wir, sie leiden wie wir.

Und sie sehen teilweise sogar aus wie wir. Warum bringen wir ihnen dann nicht die gleiche Achtung entgegen, die wir unseren zweibeinigen Verwandten entgegenbringen? Warum gestehen wir uns nicht ein, dass ihnen Bewusstsein und Seele ebenso innewohnen wie uns? Bringen Schmerz, Leid und Tod über sie. Während sie uns vertrauen und uns ihre Zuneigung schenken. Hunde sind keine Menschen, aber der Mensch ist dem Hund auch erst ebenbürtig, wenn er sich ändert. Das würde beide glücklich machen, Mensch und Hund. Christoph Schwabes Bilder sind der eindrucksvollste Beweis dafür.

Elmar Schnitzer

Danksagung

Allen Zwei – und Vierbeinern, die für uns Modell gesessen haben, möchten wir danken, da ohne sie und ihre Begeisterung dieses Projekt nicht möglich gewesen wäre. Das Vertrauen, das ihr in uns hattet und die Zusammenarbeit mit jedem Einzelnen von euch hat uns inspiriert.

Wir danken Elmar Schnitzer für seine Anregungen und die Zeit, die er sich für uns genommen hat. Ohne Deine klugen Worte und die stets tatkräftige Unterstützung wäre unsere Idee sicher niemals so groß geworden.

Vielen Dank auch an Tilman Schultheiß für seine Hilfe und sein Engagement. Dass Du für uns ein offenes Ohr hattest, wissen wir sehr zu schätzen und wir sind froh, Dich als Freund zu haben.

Thomas Pannier, unserem Retter in der größten Not, danken wir für die selbstlose Hilfe und das große Vertrauen.

Ebenfalls sehr dankbar sind wir Lissy Staudt für ihre Unterstützung. Du hast es uns ermöglicht, einen Großteil unserer Shootings in Leipzig zu realisieren.

Danken möchten wir auch den engagierten Verlagsmitarbeitern, die uns diese Chance gegeben und an das Projekt geglaubt haben. Sehr professionell habt ihr uns über die Monate hin betreut. Und so entstand in Zusammenarbeit mit euch dieses wunderbare Buch.

Ebenfalls danken wir unseren Familien und Freunden, die uns die Kraft und den Rückhalt geben, um uns verwirklichen zu können.

Abschließend richtet sich unser Dank an all die Menschen da draußen, die sich tagtäglich für das Wohl und Recht aller Tiere einsetzen. Mit euch ist die Welt eine bessere.

»Das Mindeste, das ich tun kann, ist für diejenigen zu sprechen, die nicht für sich selbst sprechen können.« Jane Goodall

Christoph Schwabe, Jahrgang 1987, ist ein junger deutscher Fotograf, der in Wien lebt und sich auf die besondere Beziehung zwischen Hund und Eigentümer spezialisiert hat. Doppelpack. »Doppelpack« ist sein erstes Buch.

Christin Vogt, Jahrgang 1989, ist Veterinärmedizinstudentin an der VetMed-Uni Wien. Zusammen mit Christoph Schwabe hat sie die Hunde und ihre Besitzer für diesen Bildband ausfindig gemacht.

MIX
Papier aus verantwor-
tungsvollen Quellen
FSC® C084279

© 2014 F. A. Herbig
Verlagsbuchhandlung GmbH, München
Alle Rechte vorbehalten
Umschlaggestaltung: Wolfgang Heinzel
Umschlagfotos: Christoph Schwabe
Druck und Binden: Polygraf Print spol s.r.o.
Printed in EU
ISBN 978-3-7766-2737-4

www.herbig-verlag.de